西安何家村唐代窖藏文物集成

A Collection of Tang Cultural Relics Unearthed from Hejiacun Hoard in Xi'an City

陕西历史博物馆　编

陕西新華出版
陕西人民出版社

图书在版编目（CIP）数据

西安何家村唐代窖藏文物集成 / 陕西历史博物馆编；侯宁彬，谭前学主编 .—西安：陕西人民出版社，2023.9

ISBN 978-7-224-15077-3

Ⅰ . ①西… Ⅱ . ①陕… ②侯… ③谭… Ⅲ . ①文物—考古—研究—西安—唐代 Ⅳ . ① K872.411

中国国家版本馆 CIP 数据核字（2023）第 169801 号

出品人　赵小峰
总策划　王长海　关　宁
责任编辑　贾西周　王　辉

西安何家村唐代窖藏文物集成
XI'AN HEJIACUN TANGDAI JIAOCANG WENWU JICHENG

编　　者　陕西历史博物馆
主　　编　侯宁彬　谭前学
出版发行　陕西人民出版社
　　　　　（西安北大街 147 号　邮编：710003）
印　　刷　中华商务联合印刷（广东）有限公司
开　　本　787 毫米 ×1092 毫米　1/16
印　　张　27.5
字　　数　290 千字
版　　次　2023 年 9 月第 1 版
印　　次　2023 年 9 月第 1 次印刷
书　　号　ISBN 978-7-224-15077-3
定　　价　588.00 元

《西安何家村唐代窖藏文物集成》

主　　编：侯宁彬

执行主编：谭前学

副 主 编：庞雅妮　贺达炘　杨效俊

撰　　稿：谭前学　贺达炘　梁　敏
赵　青　韩建武　申秦雁
王　棣　谭重言

绘　　图：李夏廷　刘珊珊

图片整理：胡　薇　马育兴

序

序　一

Preface 1

《西安何家村唐代窖藏文物集成》一书终于付梓出版了。

虽然这是迟到的一天，却也是值得庆贺的一天。

1970年10月，一次基建施工，两个陶瓮和一个银罐，近千件以唐代金银器为主的珍贵文物，让西安南郊的何家村因“何家村窖藏”（又称“何家村遗宝”）而声名远播。“何家村窖藏”因遗物数量巨大、种类齐全、纹饰精美、工艺高超、内涵丰富，超过了以往所有同类发现，而被列入20世纪中国考古大发现，受到了社会各界广泛而持久的关注。

50余年来，学术界从考古学、历史学、美术学等视角对何家村窖藏开展了多学科的研究，极大地推动了人们对唐代物质文化和精神文化以及中外文明交流互鉴的认识。但是，一个无法回避且颇为尴尬的问题是，尽管学术界在何家村窖藏的研究上取得了不少共识和成绩，但对窖藏埋藏年代及主人两个关键问题，却一直众说纷纭，未有定论，在相当程度上影响了研究工作的进一步深入。

从事文物研究的学者都知道，通过遗物研究其他问题的前提是要确定遗物的年代，而作为考古遗址的何家村窖藏，埋藏年代又是最基础、最根本的问题。这一问题没有解决之前，其学术价值很难得到更多的“发掘”，也很难推动相关研究的深入。因此，考订何家村窖藏的埋藏时间无疑成为何家村遗宝研究中最紧迫而重要的问题。

按照惯例，重要的考古遗址，一般都会编辑出版正式的考古发掘报告，系统完整地公布相关资料。但作为特殊时期的“偶然”发现，除在《文物》杂志1972年第1期上发表的《西安南郊何家村发现唐代窖藏文物》和《唐长安城兴化坊遗址钻探简报》两篇简报式的文章外，何家村窖藏一直没有编辑出版正式的发掘报告。长期以来，学术界研究何家村窖藏主要利用上述两篇文章，以及后来依托展览，“挤牙膏式”地陆续公布的一些纹饰精美、观赏性强的器物资料，而大量对学术研究具有同等重要意义，却又不太引人注目的器物及细部、细节，学术界一直无缘看到。50余年来，学术界之所以在何家村窖藏的埋藏年代和归属问题上众说纷纭，无法达成共识，以致成为“何家村遗宝之谜”，除研究者自身的学术视野和研究方法影响之外，最主要的原因就是窖藏发掘、收藏单位未能及时编写出版发掘报告，致使研究者长期看不到全面、系统、完整的窖藏资料，这显然不利于何家村窖藏的整体、深入研究。

事实上，作为何家村窖藏文物的收藏单位，陕西历史博物馆早就意识到了这个问题。为此，在20世纪90年代开馆之初，就组织了以当初何家村窖藏的清理者和发掘者、副馆长韩伟先生为主编的发掘报告编写团队。遗憾的是，随着1994年韩伟先生调任陕西省考古研究所所长，此事被迫搁置。此后，陕西历史博物馆曾多次重新启动发掘报告的编写工作，但因机构调整、人员调动等诸多原因均无果而终。2020年是何家村窖藏发现50周年，回顾总结50年来的研究、利用历程，作为窖藏遗物的收藏单位，陕西历史博物馆再次意识到了编写发掘报告的重要性和紧迫性，认为自身有义务和责任向学术界提供何家村窖藏尽可能完整的资料。为此，又一次启动了发掘报告的编写工作。通过两年多的精心编写，一本参照考古发掘报告体例，收录陕西历史博物馆现藏全部何家村窖藏文物959件，突出窖藏原真性、完整性、系统性的《西安何家村唐代窖藏文物集成》终于出版了。

虽然这一天来得有些晚，但作为文物收藏单位，我们终于实现了自己的夙愿，终于可以问心无愧了。如本书的出版能对目前陷入“瓶颈”阶段的何家村窖藏研究有所推动，那就是我们最大的欣慰了。

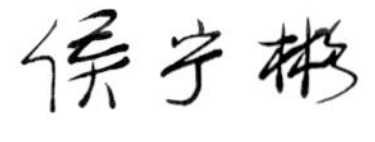

陕西历史博物馆馆长

2022年7月

序 二

Preface 2

“何家村遗宝”的名字很响亮，至少在文博考古界家喻户晓。因为这是一次重大考古发现，出土文物是一个组群，有金、银、铜、玻璃、玛瑙、矿物等质地的各种器物近千件，数量大、种类多、品级高、制作精美、保存完好，都是以往的发现无法比拟的。作为唐代文物的精华，这批遗宝一经发现，便遨游世界，传递着中国古老文化的信息。

何家村的发现为什么如此重要？可比较两个世界宝藏。1877 年中亚阿姆河流域，发现一批珍贵的金银器和钱币，具有波斯、大夏、斯泰基、希腊等多种文化的特征，学术意义重大，被称作“阿姆河遗宝”。可惜确切的出土地点不明，又经商人几次转手，混进其他的物品。何家村窖藏文物的种类和数量更多，其中有明确来自波斯萨珊、东罗马、中亚粟特和日本等地的物品，不仅可与“阿姆河遗宝”媲美，而且出土地点清楚、埋藏年代比较明确，显示出更为重要的学术价值。考古发现的唐代窖藏很多，但何家村的发现如此罕见，使用通常的窖藏名称，实在有些委屈，用“遗宝”取代“窖藏”，名副其实。

另一个是日本正仓院宝藏。正仓原本是日本古代保管国家田租正税、政府财物的仓库，随着历史演变，绝大多数正仓不复存在，奈良东大寺正仓院由于保存着皇家珍宝，一直延续到现在，闻名于世。东大寺正仓院皇家珍宝的来源，是圣武天皇去世后，在七七忌日，即天平胜宝八年（756）六月二十一日，光明皇太后为祈福，将先帝生前珍贵的宝物奉献于东大寺供养卢舍那佛。其后不久，又四次奉献于卢舍那佛皇室珍贵物品。这些宝物中，有许多是当时遣唐使、留学生、僧人等从中国带到日本的，是唐代最精美的文物。何家村遗宝的发现，填补了以往中国藏品的某些缺憾，又增加了一些比正仓院宝物更为精彩的实例。

唐朝手工艺究竟创造了些什么？其成就在文献中有描述，文辞虽然优美，理解起来却很茫然，看到了实物才会豁然开朗，何家村遗宝正是一大批古色古香的珍宝，展示着大唐盛世的创意和激情，以及唐人快乐的生活、惊奇的发明、精妙的艺术、森严的等级、文化的融合，从发现至今，给人带来的不仅是惊奇、震撼，还引发了一连串的事件、故事，也成为20世纪中国的文化事件。很多学者都在尝试解读器物携带的文化密码、谜团，试图发现辉煌背后藏匿的生活的诗、历史的事。

可惜的是，这是1970年的一次偶然发现，未经科学发掘，当时没能做更多的记录整理，丧失了很多信息。

幸运的是，这批遗宝保存基本完好，没有散失，如今仍保存在陕西历史博物馆中。

遗憾的是，这批遗宝至今也没有全部展出，也没有一部完整的考古报告。

回溯过去，何家村遗宝发现后的首次亮相，是1971年在北京故宫举办的“全国出土文物珍品展”上，但只公开了鸳鸯莲瓣纹金碗、鎏金舞马衔杯纹银壶、金筐宝钿团花纹金杯、八曲银杯、八棱银杯、鹦鹉纹提梁银罐、五足银熏炉、镂空银香囊、6条金走龙、嵌金玉臂环、玛瑙兽首杯和几枚金银货币。《文物》1972年第1期复刊号上，刊登了何家村窖藏发现的简报，文字不足5页，黑白照片。1973年5月8日，携带着何家村部分文物的“出土文物珍品展”第一次迈出国门，在法国巴黎珀蒂宫隆重开幕，此后这个展览先后在16个国家和地区巡回展出。

何家村遗宝引起国内、国际的巨大轰动。此后，凡有关于中国精品文物或唐代主题的文物展览，几乎必选何家村遗宝。毫不夸张地说，讲到唐代物质文化成就，一定要讲何家村遗宝。只有看到这些器物，才能知道唐代具有什么样的魅力、什么样的精彩、什么样的情趣。何家村遗宝，成为唐代形象的代言。

又过了 30 年，何家村遗宝没有随时间的流逝被淡忘，反而越来越引人关注，2003 年北京大学赛克勒考古艺术博物馆 10 周年庆典，作为特殊的“贺礼”，在国家文物局特批下，陕西历史博物馆和北京大学考古文博学院联合举办了“再现盛世辉煌——何家村遗宝精粹展”。配合这个专题特展，出版了《花舞大唐春——何家村遗宝精粹》，这本书是对何家村遗宝的一次学术重新“发掘”。新拍摄的照片尽可能有各个角度和细部，每件器物都有详细的描述，提供了准确的数据。然而也只选择了 73 件（组）精品标本。2010 年，陕西历史博物馆推出“大唐遗宝——何家村窖藏出土文物展”，也并非遗宝的全部面貌。

何家村遗宝，是划时代的考古大发现，对遗宝的学术研究广泛而持久。50 多年来，学者们从考古学、历史学、美术学、宗教学、机械学、医学等各个方面的讨论、探索一直延续至今。但是研究者长期看不到全面、系统、完整的资料，只能依据一些零星的器物进行探索，影响了研究工作的进一步深入。

具有如此重要学术价值的发现，需要有详细的报告，这一功在千秋的工作，如今终于由陕西历史博物馆谭前学先生等组织编写的《西安何家村唐代窖藏文物集成》一书完成了。这本书参照考古发掘报告的编写体例，按照文物材质分类编排，全面系统介绍了陕西历史博物馆收藏的全部何家村遗宝，也尽可能多地提供了器物的局部和细节，填补了何家村遗宝长期以来没有发掘报告的空白，对理解、探讨、阐发器物的历史背景和文化内涵有极大帮助，具有重要而独特的学术价值。不少业外人士常抱怨考古报告很枯燥，甚至无法阅读。其实不然，就像破案，需要真实、准确、客观的证据，然后才是判案。还像瞧病，需要有各种检查、化验等数据，是医生判断的重要依据。《西安何家村唐代窖藏文物集成》提供了更丰富、更广博、更翔实的资料，为以后的研究奠定了基础。

考古报告的重要是不言而喻的。然而，时隔半个多世纪，当年直接参与清理何家村遗宝的前辈学者除吴镇烽先生外都已故去，如今由后辈学者排除万难，重新仔细整理编写，可谓薪火相传，生生不息，在此必须向所有参与编撰的学人表示敬意。

我曾在《花舞大唐春：解读何家村遗宝》（上海古籍出版社，2018 年 7 月）书中说过：何家村遗宝的主人是谁？精美的器物来自哪里？何时被埋入地下？为什么要埋入地下？那些器物的历史价值和意义是什么？……一连串的问题仍旧困扰着学界，一个个尝试解读也接踵而来。然而，目不暇接的解读，引起的困惑比答案更多。

随着《西安何家村唐代窖藏文物集成》的出版，相信以后的研究会更上一个台阶。

齐东方

北京大学教授

2023 年 5 月

目录

叁　宝玉琉璃类器物

肆　货币类遗物

伍　矿物类遗物

陆　其他

附录

综述

西安何家村唐代窖藏文物综述

谭前学

1970年10月，西安市南郊何家村陕西省公安厅下属的某收容所（西安市南郊黄雁村水文巷 2 号）在兴建房屋挖掘地基时，发现两个陶瓮、一个银罐，内装以唐代金银器为主的各类文物近千件，特别是其中的298 件金银器，其数量之大、种类之齐全、纹饰之精美、工艺之高超、内涵之丰富，超过了以往的所有同类发现，且许多器物前所未闻，集中反映了大唐王朝的艺术水平、科技成就和社会风貌，对研究唐代的历史、工艺美术、科技文化以及中外文化交流等都具有非常重要的意义，一经公布就引起学术界乃至社会各界的广泛关注，旋即被列入《“无产阶级文化大革命”出土重要文物》之中。2000年，又被中国社会科学院考古研究所选入《20世纪中国考古大发现》之中[1]。由于发现地点在陕西西安何家村，遗物中又以金银器为主，故考古学界按照惯例将它命名为“何家村金银器窖藏”。但随着研究的深入，人们发现这批文物具有极为丰富的内涵，用“何家村金银器窖藏”这一名称，已不足以反映其多方面的重要价值，因而人们逐渐将其改称为“何家村遗宝”[2]并得到了认可。

[1] 侯宁彬、申秦雁主编：《大唐遗宝：何家村窖藏》，文物出版社，2021年，第21页。

[2] 最早采用这一名称的学术著作是2003年由陕西历史博物馆与北京大学考古文博学院、北京大学震旦古代文明研究中心编著，文物出版社出版的《花舞大唐春——何家村遗宝精粹》一书。

一

同很多重要考古发现一样，西安南郊何家村遗宝的出土也是很偶然的。

何家村地处西安市南郊偏西，自明清以来就是一片村落。随着城市的发展，20世纪 60 年代以后，陆续有一些单位迁至此地。其中就包括陕西省公安厅下属的一处收容所。1970年10月5日，收容所扩建工程破土动工。当地基下挖到距地表深约 0.8 米时，发现一个高 0.65 米、腹径 0.6 米的大陶瓮，瓮口盖有渣块，但已被铁锹挖破。陶瓮内装满了闪耀夺目的金银器。紧挨着陶瓮西侧，是一个高 0.3 米、腹径 0.25 米的银罐，里面也装满了器物。收容所负责人随即将这一发现报告了西安市文物管理委员会（时在小雁塔内办公，距发现地相隔不足 1 千米），但接电话者说单位只有他一人，因值班无法前往。于是，收容所负责人又将电话打到陕西省博物馆，值班人员将此情况立即报告了博物馆革委会领导。当时，陕西省文物管理委员会与陕西省考古研究所、陕西省博物馆合并办公（地点在原陕西省博物馆，即今西安碑林博物馆内），共同承担着全省的田野考古调查、发掘以及文物征集和收购工作。博物馆随即派考古人员前往现场查看、接收。经调查得知，陶瓮和银罐均埋藏在活土中，而从出土文物看，根据部分器物不能成套等现象，博物馆的工作人员认为地下可能还有文物埋藏，随即组织钻探工作组前往文物出土地点钻探[1]。终于，在几天后的10月11日，在陶瓮北侧约 1 米，距离地表 1.3 米处又发现了一个陶瓮，形状、大小与第一个陶瓮基本相同，罐口完好，盖着一块表面粗糙、呈不规则圆形的灰色银渣块，且陶瓮肩部有一处钻探时探铲所钻带有新茬的洞，探铲从此进入打到了陶瓮里面的一摞银盘上，至今还能看到探铲在这摞银盘的第一件（七一209）上留下的“伤疤”。第二个陶瓮内也装满了各种金银珍宝，但与第一个陶瓮不同的是，瓮内积满了水[2]。此外，更让人惊奇的是物中藏物，陶瓮内的鹦鹉纹提梁银罐（七一277）内也盛放有紫石英、白石英、宝石、金箔和 12 只金走龙。金箔漂浮于水上，而 12 只金走龙则井然有序地站立在金箔上。

由于是特殊年代的偶然发现，2 瓮 1 罐 3 件容器埋藏的先后顺序、相互之间的关系以及内装物品的码放情况、窖藏的地层关系等细节已经无法知晓。根据兴化坊考古探测简报以及当事人的回忆，只知道 3 件容器摆放在东西宽 1.48 米、南北长 2.35 米、距地表 1.45—1.95 米的空间内，即平面占地面积 3.48 平方米、地下体积约 5.92 立方米的一个土坑里。且遗迹没有修饰，显然是慌乱之中埋藏的。

在发掘清理了第二个陶瓮以后，钻探组又在周围 10—30 米内继续进行了钻探。在地下曾经发现不少活土坑，一般深至 2 米以下，其中瓦片砖块很多，并探出几座近代墓。建筑单位在附近平整地基，也发现几座近代墓，并从地下翻出大量残砖破瓦，其中有唐时莲花纹瓦当和残花纹砖等[3]。

根据文物中的开元十九年“庸调”银饼和金银器的形制、纹饰，以及同时出土的中外钱币等判断，这批文物的时代下限应在“盛唐”晚期（约 8 世纪末期）。发现文物的地点根据中华人民共和国成立后对唐长

[1] 陕西省博物馆、文管会钻探组：《唐长安城兴化坊遗址钻探简报》，《文物》1972年第1期。

[2] 吴镇烽：《何家村盛唐遗宝重见天日纪实》，《文博》2009年第2期。

[3] 陕西省博物馆、文管会钻探组：《唐长安城兴化坊遗址钻探简报》，《文物》1972年第1期。

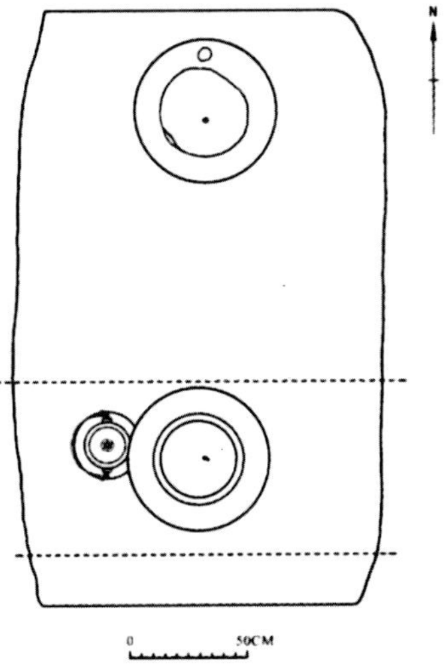

窖藏平面图

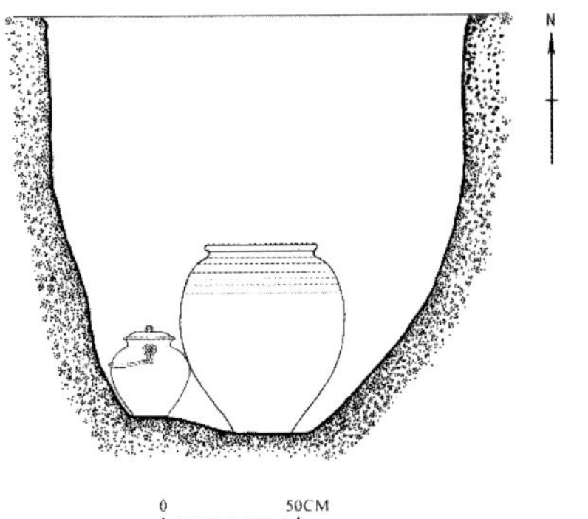

窖藏正视图

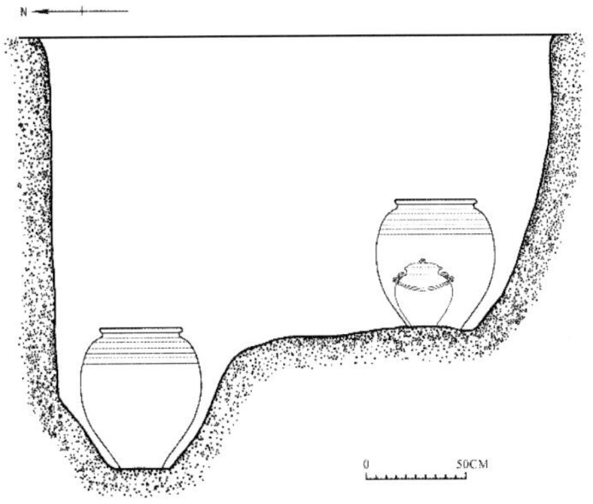

窖藏侧视图

安城勘探实测复原图和宋代吕大防绘制的唐长安城图，对照今日西安市城市图，可以判断系唐长安城的兴化坊[1]。兴化坊位于唐皇城西南城角（即现在西安城墙西南城角）的正南面（第三个坊），它与小雁塔所在地的安仁坊东西相对（中间隔丰乐坊），距皇城不到 2000 米，地理位置显赫，交通十分便利。

为了全面搞清窖藏遗址的情况，判明窖藏的地层关系及其所在的兴化坊的范围，从1970年10月7日至1971年6月5日，钻探组还对兴化坊进行了全面的钻探、勘察。考古勘探表明，兴化坊东西长654.7米、南北宽518.2米，比《长安志》记载的东西 450 步（合661.5米）仅少6.8米，南北 350 步（合514.5米）仅多出3.7米。坊内仅有宽 10 余米的东西向横街。窖藏的位置在兴化坊内东西街路南靠近西部，具体位置在横街之南 55 米、距坊西墙 268 米处，东距坊外南北向大路401.5米，居于兴化坊中心略微偏西南处。

[1] 陕西省博物馆等：《西安南郊何家村发现唐代窖藏文物》，《文物》1972年第1期。

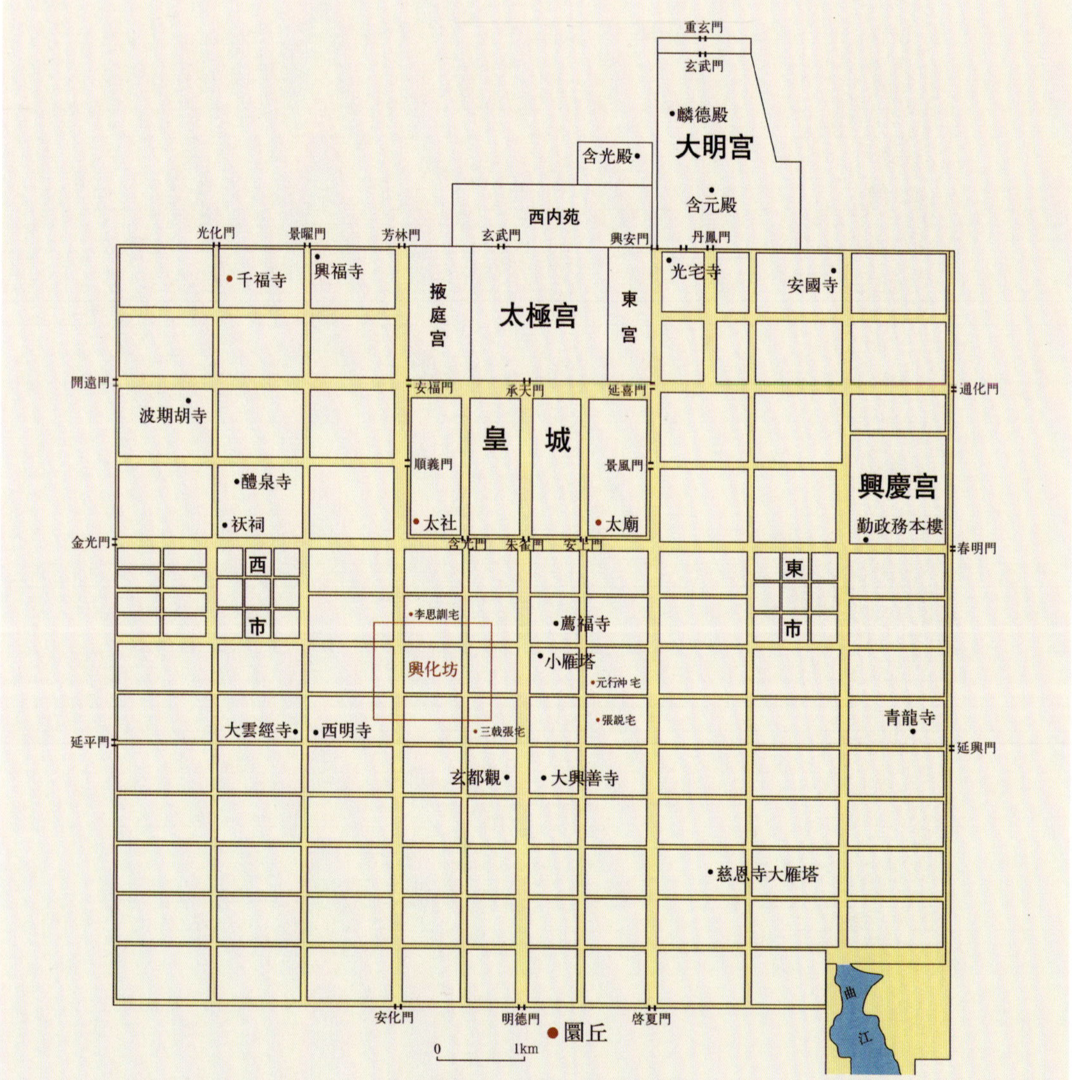

兴化坊在唐长安城内位置示意图

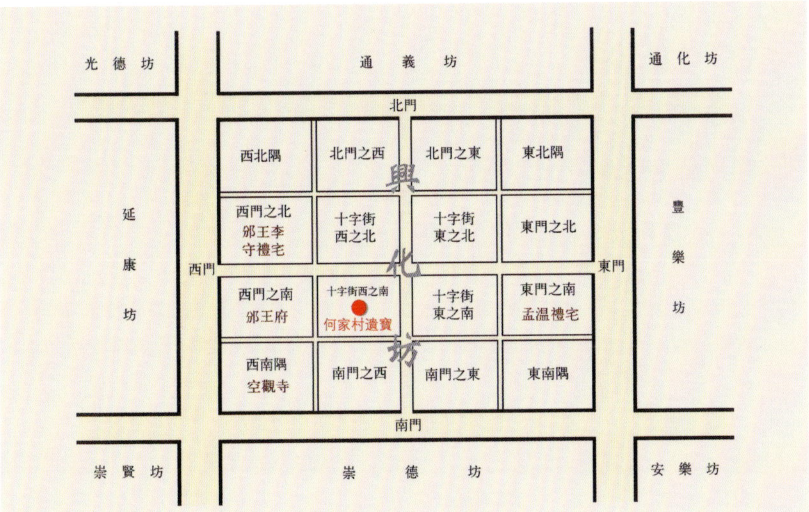

兴化坊复原示意图

金银的价值和社会功能，决定了它们作为财富的象征和地位的标志，被人们所疯狂追求、占有。因得之不易，古代又没有特别的储藏设施，人们保存金银最安全的办法就是秘密埋藏。对此，文献中有很多记载。如赵璘《因话录》载：“范阳卢仲元，家于寿之安丰，……常躬耕，得金一瓶，计百两，不言于人，密埋于居室内。”[1]这是以埋藏手段保存金银的实例。又如《朝野佥载》云：“邹骆驼，长安人。先贫，常以小车推蒸饼卖之。每胜业坊角有伏砖，车触之即翻，尘土涴其饼，驼苦之，乃将镬斫去十余砖，下有瓷瓮，容五斛许，开看，有金数斗，于是巨富。”[2]这是唐代发现埋藏黄金的实例。《旧唐书·王锷传》子稷条云：“锷在藩镇，稷尝留京师，家财奉权要，视官高下以进赂，不待白其父而行之。广治第宅，尝奏请藉坊以益之，作复垣洞穴，实金钱于其中。”[3]据此可知，埋藏金银财宝的做法在唐代是非常普遍的现象。正因为如此，唐代金银器的发现与其他质地文物的最大不同是，它们绝大多数都出自窖藏或居住遗址，只有极少部分出自墓葬。所谓“窖藏”即有意埋藏珍宝的遗迹。考古学中一般把专门储藏物品的遗迹称为窖藏，有的具有仓库的性质，有的则是因突发事件而匆忙掩埋的。[4]

在唐长安城外郭城内，除在兴化坊发现的何家村窖藏外，在其他坊肆也发现了金银器窖藏。如1956年发现的韩森寨窖藏[5]和八府庄窖藏[6]、1957年发现的和平门外窖藏[7]、1963年发现的沙坡村窖藏[8]、1965年发现的白庙村窖藏（居住遗址）[9]、1972年发现的建国路窖藏[10]、1975年发现的西北工业大学窖藏[11]、1977年发现的新筑枣园村窖藏[12]、1979年发现的西安交通大学窖藏[13]、1982年发现的电车二厂窖藏[14]、1983年发现的太乙路窖藏等[15]。其中，白庙村窖藏位于延康坊内，与何家村窖藏所在的兴化坊仅隔一条街，东西相邻。其出土物品为两件未制作完成的金杯及四根金条，而何家村窖藏中也有不少半成品和用于制作器物的

[1] [唐]赵璘：《因话录》卷三，上海古籍出版社，1979年，第88页。
[2] [唐]张鷟：《朝野佥载》卷五，中华书局，1979年，第119—120页。
[3] 《旧唐书》卷一百五十一，中华书局，1975年，第4061页。
[4] 齐东方：《唐代金银器研究》，中国社会科学出版社，1999年，第10页。
[5] 阎磊：《西安出土的唐代银器》，《文物》1959年第8期。
[6] 李问渠：《弥足珍贵的天宝遗物——西安市郊发现杨国忠进贡银铤》，《学术月刊》1957年第7期。
[7] 马得志：《唐代长安城平康坊出土的鎏金茶托》，《考古》1959年第12期。
[8] 西安市文管会：《西安市南郊沙坡村出土一批唐代银器》，《文物》1964年第6期。
[9] 谭前学：《西安市南郊白庙村发现的唐代金杯及其有关问题》，《文博》2002年第3期。
[10] 保全：《西安市文管会收藏的几件唐代银器》，《考古与文物》1982年第1期。
[11] 保全：《西安市文管会收藏的几件唐代银器》，《考古与文物》1984年第4期。
[12] 保全：《西安市文管会收藏的几件唐代银器》，《考古与文物》1984年第4期。
[13] 张达宏等：《西安市文管会收藏的几件珍贵文物》，《考古与文物》1984年第4期。
[14] 韩伟：《海内外唐代金银器萃编》，三秦出版社，1989年。
[15] 贺林等：《西安发现唐代金杯》，《文物》1983年第9期。

金银原料以及部件，它们之间是否有着某种关联，是颇值得研究的。此外，覆盖第二个陶瓮口的银渣块，在1971年7月至1972年2月发掘的章怀太子墓甬道内也发现了 6 块共 65 公斤[1]。而章怀太子则是居住于兴化坊内的邠王李守礼的父亲。

何家村窖藏文物出土后，旋即全部入藏原陕西省博物馆，并通过1971年11月在本馆举办的“何家村唐代珍贵文物展”“‘文化大革命’期间出土文物展”以及1971年7月在北京故宫博物院慈宁宫正殿举办的“全国出土文物珍品展”公开展出了如鸳鸯莲瓣纹金碗、鎏金舞马衔杯纹皮囊式银壶、鎏金鹦鹉纹提梁银罐、镶金兽首玛瑙杯、金筐宝钿团花纹金杯、鎏金仕女狩猎纹银杯、葡萄花鸟纹银香囊、五足镂空银熏炉、金走龙、包金玉臂环以及金银货币等部分珍贵文物，在全国引起了轰动。由于何家村窖藏文物的重大影响，1972年9月21日，中国历史博物馆（2003年与中国革命博物馆合并更名为中国国家博物馆）将 1 件银饼（七一327）、1件银铤（七一341）和 1 枚“和同开珎”银币（七一399 之二）共 3 件何家村窖藏文物借去北京展览；1973年4月5日又将 1 件素面折腹银碗（七一15）、1件鎏金双鱼纹银碗（七一132）、1件镂空盖花鸟纹银盒（七一98）、1件鎏金菱纹银锁（七一110）、1件提梁银锅（七一27）共 5 件何家村窖藏文物借去展览，至今尚未归还。1990年年底，原收藏在陕西省博物馆的何家村窖藏文物，整体移交至陕西历史博物馆。目前，何家村窖藏出土文物除借至中国国家博物馆的两批共 8 件外，其余均收藏在陕西历史博物馆。

二

由于未编写出版发掘报告，何家村窖藏一直没有公布准确的出土文物数量。长期以来，人们在提及何家村窖藏文物数量时，大多采用当初窖藏清理者的说法：“两瓮唐代窖藏的文物共计一千多件”[2]或“两瓮一罐共出文物 1000 余件”[3]。为编辑出版本书，笔者根据《西安南郊何家村发现唐代窖藏文物》一文中的出土文物列表和陕西历史博物馆藏品总账，经过反复统计，最终确认何家村窖藏共出土文物 973 件（副、包、种）。之所以与当初清理者的数据有一些出入，主要原因在于对文物计量单位存在不同的认识。比如，窖藏共出 10 副玉带銙，每副带銙由 15 或16片带板组成，10副玉带銙共有 175 片带板（含带扣和鉈尾），计量时究竟是按 10 副计算，还是按 175 片计算，对最终的统计数据有相当大的影响。如按“片”计算，何家村窖藏的文物数量就达到了 1138 件，与“两瓮唐代窖藏的文物共计一千多件”以及“两瓮一罐共出文物 1000 余件”的说法接近。但我们认为，带板是玉带銙不可分割的组成部分，

[1] 陕西省博物馆、乾县文教局唐墓发掘组：《章怀太子墓发掘简报》，《文物》1972年第9期。

[2] 陕西省博物馆等：《西安南郊何家村发现唐代窖藏文物》，《文物》1972年第1期。

[3] 陕西历史博物馆、北京大学考古文博学院、北京大学震旦古代文明研究中心编著：《花舞大唐春——何家村遗宝精粹》，文物出版社，2003年，第2页。

以“副”为单位来计量玉带銙更为科学。何家村窖藏相对准确的数字应该是 973 件。但令人痛心的是，1975年 9 月25日夜，何家村窖藏文物在原陕西省博物馆隋唐陈列室展出时，发生文物被盗案件，陈列金银器的展柜被撬开，6件金走龙、5件金钗、1件金钏、1件鎏金花纹八角银杯、1件高足银杯共 14 件金银器被盗（其中高足银杯底座脱落，遗留在柜内），至今尚未破案。因此，目前陕西历史博物馆收藏的何家村窖藏文物实际数量为 959 件。

从材质分，何家村窖藏文物有金、银、铜、玻璃、玛瑙、水晶、玉、宝石、矿物等材质。

按类别分，有食器、酒器、茶具、盥洗器、日用器、装饰品、药具、药物、货币（包括银铤、银饼）等类别。其中有金银器皿 285 件、金饰品 13 件、玛瑙器 3 件、玻璃器 1 件、水晶器 1 件、玉带（銙）10 副、玉臂钏 2 副、银铤 68 件、银饼 22 件，唐之前各个时代的金银铜钱币 504 枚。另外，还有丹砂、钟乳石、白石英、紫石英、琥珀、珊瑚等 17 种药物以及 16 块红、蓝、绿、黄宝石等。在这些物品中，金器总重量为唐大两 298 两，银器总重量为唐大两 3700 两。按唐代衡度一两的数值为 42 克记[1]，约合今至少167.16千克。其中的金银器加上 10 副玉带（銙）的总价值，大约可以折合当时（天宝五载）的 3830 万钱，用此可以购米 300 万斗，相当于大约 15 万名男丁一年向唐朝政府缴纳的租粟。[2]

从用途上看，涉及唐代宫廷礼仪以及饮食、养生、装饰、赏玩等社会生活的方方面面。

从时间上看，上自战国，下讫唐代，时间跨度达千余年，特别是 504 枚货币，唐以前的每个时代几乎都有代表，同时还囊括了当时周边及西方

[1] 朱捷元：《唐代金银器、银铤与衡量制度的关系问题》，《文博》1986年第2期。

[2] 陕西省博物馆等：《西安南郊何家村发现唐代窖藏文物》，《文物》1972年第1期。

何家村窖藏出土的部分器物

国家的主要货币。如东罗马金币、波斯银币、日本“和同开珎”银币等。

从来源上看，既有来自域外的舶来品，也有唐人的仿制品；既有中央官府作坊的产品，也有地方的进贡品。如圈足内沿刻有“进”字的鎏金折枝花纹银盖碗（七一63）就是出自南方地方官府进奉的金银器[1]。

从产品制造和使用的角度看，既有成品，也有相当数量的半成品以及零部件和原材料。如线刻花鸟纹银杯（七一128）、鎏金线刻雀鸟纹银碟（七一130）、鎏金线刻飞廉纹银盒（七一136）、鎏金线刻小簇花纹银盒（七一135）、线刻花草纹银盒（七一134）、盛“次光明砂”线刻鸳鸯纹银药盒（七一78）、孔雀纹盝顶银方盒（七一59）7件银器均是纹饰尚未完工的半成品，10副玉带銙中有 9 副也是半成品；银匜流（七一140）、银链（七一29）则是器物的部件；此外，既有长期使用过的物品，也有从未使用过的物品。如 30 枚“开元通宝”金钱（七一237—266）、421枚“开元通宝”银钱（七一396）、5件银锅均没有明显的使用痕迹。

尽管文献记载表明，唐代金银器的使用曾盛极一时，但由于传世的唐代金银器极其罕见，虽然清末、民国初年在修建陇海铁路所经的河南洛阳和陕西西安两地有少量出土，但遗憾的是，当时出土的器物绝大部分已流失海外，分别收藏在日本、美国、英国、德国、瑞典、法国等国的博物馆和私人手中[2]，因此，国人对唐代金银器的认识在很长一段时间内一直停留在文字阶段，而无缘见到更多的实物。中华人民共和国成立后，随着考古事业的蓬勃发展，唐代金银器不断在全国各地被发掘出土。仅在西安地区就先后发现以金银器为主的唐代窖藏 20 余处，但每个窖藏大多只有三五件，很少有超过 10 件的。而何家村窖藏出土的金银器无论是文物数量、种类、品级，还是文物的内涵、价值，都是以往发现的窖藏无法相比的，因而被誉为唐代考古的一次空前的大发现，也

鎏金折枝花纹银盖碗及圈足内沿上的“进”字铭文

[1] 韩建武：《西安何家村唐代窖藏几个问题的再探讨》，《收藏家》2007年第7期。

[2] 齐东方：《唐代金银器研究》，中国社会科学出版社，1999年，第12页。

被中国社会科学院考古研究所列为20世纪中国考古大发现之一。

与内涵的丰富性相适应，何家村窖藏也具有多方面的重要价值。

（一）证实了唐代金银器使用的盛况以及皇室贵族的社会生活

唐朝人对认识世界和与世界沟通，比开通“丝绸之路”的汉代人有着更大的热情、更多的好奇以及更为广阔的胸襟。他们乐于接受包括生活方式在内的一切外来事物，以致用外来物品、穿外来服装、吃外来食品、跳外来舞蹈成了当时社会的一种时髦。何家村窖藏中大量外来器物和外来器物的仿制品正是这种社会时尚的反映。在这种崇尚外来事物观念的支配下，原本流行于西方的金银器自然成了唐人追逐的对象。唐代金银器的大量出现和使用，应该说主要是受到西方生活方式影响的结果。再加上当时权贵迷信使用金银饮食器有延年益寿的功效，助推了金银器的大量制造和使用。“谁能载酒开金盏，唤取佳人舞绣筵”[1]“凤凰尊畔飞金盏，丝竹声中醉玉人”[2]以及“弦吟玉柱品，酒透金杯热”[3]等唐诗，既反映了当时贪淫奢纵、醉生梦死的社会风气，也道出了金杯等金银器皿在唐代的流行情况。对此，文献的其他记载可以佐证：9世纪前半叶，王播任淮南节度使期间曾三次向皇室进奉金银器，最多的一次“进大小银碗三千四百枚”[4]。何家村窖藏中成组成套精美的金银器则是对文献记载最好的印证。有唐一代，22个皇帝中多数皇帝热衷于服食丹药，其中太宗、宪宗、穆宗、敬宗、武宗、宣宗6位皇帝的死亡均与服食金丹有关。文献中赏赐、进贡丹药的记载比比皆是，何家村窖藏中出土的一整套药具及药物正是这种宫廷时尚的真实再现。鎏金舞马衔杯纹皮囊式银壶（七—48）印证了史书上有关唐玄宗千秋节时宫廷内举行舞马衔杯跳舞祝寿表演的记载，大量的金银开元通宝则是宫廷中鲜为人知的投钱侍赌、洗三、金钱会等活动的真实写照[5]。

（二）全面反映了大唐文化的世界性和唐人的开放精神

随着中外文化交流的大规模开展，大批外国工匠纷纷来华。他们在带来国外产品的同时，更带来不少惊世绝技，中国工匠们在诧异赞叹之余大开眼界，他们以唐人特有的心胸气度诚恳学习，虚心求教，终于使自己的产品在融会贯通的基础上，发展进步，达到了中国古代金银制造的顶峰。由于大量吸收了粟特、波斯萨珊等中亚和西亚金银器发达地区的工艺、造型和纹饰，还使唐代的金银器呈现出了浓郁的异域色彩与前所未有的多样性。当时既有直接传自域外的产品，如素面罐形带把银杯就是中亚粟特产品，镶金兽首玛瑙杯、凸圈纹琉璃碗来自西亚；也有仿波斯多曲长杯制作的白玉忍冬纹八曲长杯、水晶八曲长杯，但更多的则是造型与纹饰中西合璧的产品。如狩猎纹高足银杯的造型源于东罗马，但杯身的狩猎纹装饰图案却是中国风格的，仕女狩猎纹八瓣银杯（七—213）的造型体现出典型的粟特金银器特征，仕女游乐与狩猎装饰图案却是典型的唐

[1] 杜甫：《江畔独步寻花七绝句》。
[2] 姚合：《咏贵游》。
[3] 白居易：《和思黯居守独饮偶醉见示六韵时梦得和篇先成颇为丽绝因添两韵继而美之》。
[4] 《旧唐书》卷一百六十四《王播传》。
[5] 申秦雁：《唐代金开元及其用途考》，《考古与文物》2001年第3期。

鸳鸯莲瓣纹金碗

人物纹八棱金杯

鎏金仕女狩猎纹八瓣银杯

[1] 申秦雁：《重见天日的遗宝》，《花舞大唐春——何家村遗宝精粹》第6页，文物出版社，2003年。

[2] 耿鉴庭：《西安南郊唐代窖藏里的医药文物》，《文物》1972年第6期。

[3] 陕西省博物馆文管会写作小组：《从西安南郊出土的医药文物看唐代医药的发展》，《文物》1972年第6期。

代本土题材。相反，摩羯纹金杯的造型虽是中国式的，但内底中心的摩羯纹却是印度文化影响的产物，在摩羯周围装饰的联珠纹又具有西亚金银器的特点。“何家村遗宝中，大量的唐代金银器、玉器，系统、完整地反映出对外来文化的取用、模仿、融合进而改造、创新的过程，是唐代乐观开放、积极进取、兼容并蓄、博大精深的精神文明物化的体现，从物质文明的角度再一次证明，唐代是中国历史上放眼看世界、在国际上处于领先地位的一个重要时期。”[1]

（三）反映了唐代化学和医药学的发展水平

在何家村窖藏出土的大批金银器中，有炼制丹药用的金药铛、银药铛、提梁银锅、银石榴罐和盛药、服药用的银盒、银碗等器皿40多件，以及供炼丹用的金粉、沙金、光明砂、光明碎红砂、红光丹砂和其他名贵药物，如水晶、紫石英、白石英、上上乳、次上乳、密陀僧、珊瑚等。这些药物均放置于较大的素面银盒内，同时银盒内外还有有关药物名称、药物服法、药物重量的唐人墨书题记。古代药品能留到现在的，几乎是绝无仅有。只有日本正仓院中藏有唐代由中国运去的一批中药，保存尚好。何家村出土的唐代药物，虽然种类不多，但品种都很精良，仅丹砂一项，规格竟达七种之多，且有关器物更较正仓院所藏为精[2]。因此，这批药具、药物的出土，不但证明了唐代服食五石散的风气仍流行以及炼丹术的发达，而且也为我国医药史和化学史提供了珍贵的实物资料。比如，通过对炼丹家所使用的炼丹原料、炼丹过程以及炼丹产物的分析化验后表明，炼制丹药的过程实际上已经在从事着化学史上的开创工作了。唐代的炼丹著作《龙虎还丹诀》中既介绍炼丹药物的产地与性状，又给出所需的剂量，既详述仪器的尺寸式样，又给出操作的细节和注意事项，这说明当时的炼丹实践已初步具有科学实验的性质，无论在实验操作技术的发明方面，还是无机药物的应用方面，都替医药学和化学等学科的发展做了一些开路工作[3]。

红光丹砂

金药铛

我国药物学的发生发展，有着极其悠久的历史。在唐代，由于国家的统一、经济的繁荣以及对外交流的活跃，医药学得到了很大的发展，产生了像孙思邈、王焘等大医学家和《唐新本草》等大量总结性的医学著作。何家村窖藏出土的药物不仅大部分收录在《唐新本草》等唐代医药著作中，而且盛装药物的那些金银盒上唐人有关药物的墨书也多与这些书的记载符合，反映了唐代在药物学方面达到的成就。《唐新本草》卷三记载：“丹砂大略二种，有土砂、石砂。……其石砂有十数品，最上者为光明砂。”银盒上的唐人墨书“大粒光明砂”“光明碎红砂”等文字，应即本此，意为最上乘的丹砂。丹砂即硫化汞，味甘、微寒、无毒，主养精神，通血脉，能化为汞。何家村窖藏出土的丹砂分得很细，说明唐人辨识药物的知识较前大有增进。且其数量大、品种多，也反映了唐代炼丹风气的盛行。密陀僧（即一氧化铅）是唐代新增入的药物，《唐新本草》中明确指出它传自波斯，“密陀僧，……出波斯国，一名没多僧。密托、没多，并胡言也”。同时，书中对密陀僧能治溃疡、湿疹、肠炎等有关其功效的记述，也与现代药理试验相合，说明其科学性很高。何家村窖藏出土的药物中就有密陀僧，它既证实了《唐新本草》的记载，又反映了唐代在医药方面与波斯等地的交流情况。

何家村窖藏还出土了 40 余种 504 枚历代钱币，以往的研究大多认为其主人是一个钱币爱好者[1]。实际上，这批钱币与收藏爱好无关，它们除用于宫廷赏赐、庆吉活动之外，主要用作药物[2]。对此相关文献记载可资参考。如晋葛洪《肘后备急方》“伤寒时气温病方”：“大钱百文，水一斗，煮取八升，内麝香、当门子李子大，末，稍稍与饮至尽，或汗或吐之”；唐孙思邈《备急千金要方》“治眼暗方”：“古钱七枚、铜青、干姜、石盐、胡粉各中枣大、黄连三株、乌头枣核大、蕤仁一百十枚、菥蓂子枣大、细辛五铢、酢二合、清酒五合、楸叶一把取汁、上十三味治下筛，合煎，取三分去一，盛瓷器中，若燥，取人乳和傅目”；《本草纲目》卷八《金石部·古文钱》：“集解：药用古文钱、铜弩机之类，皆有锡，故其用近之。宗奭曰：古钱其铜焦赤有毒，能腐蚀坏肉，非特为有锡也。此说非是。但取周景王时大泉五十及宝货，秦半两，汉荚钱、大小五铢，吴大泉五百、大泉当钱，宋四铢、二铢及梁四铢，北齐常平五铢之类，方可用。时珍曰：古文钱但得五百年之上者即可用，而唐高祖所铸开元通宝，得轻重大小之中，尤为古今所重……”《本草纲目》中收集历代使用古钱币直接入药的就有 20 多个配方。从记载的药方看，古钱币直接入药，既有秦汉时的半两钱、五铢钱，又有唐代的开元通宝等。古钱币入药，大部分还是泛指的古铜钱，这些不指名道姓的古铜钱，在不同的中药方剂中分别被称为钱、青钱、古钱、大钱、比轮钱、铜钱、青铜钱等。直接入药的方式，有煎（熬）制、蒸制的，也有炒制的，但绝大多数则是研磨成粉末而入药。可治疗诸如赤目浮翳、心腹烦满、时气温病、赤白带下、慢脾惊风、风痰气厥、小便气淋、无名肿痛、百虫入耳、跌打损伤、霍乱转筋、舒筋活血等。现代医学研究表明，自然铜、古铜钱确有散淤止痛等功能，且对某些酶有激活作用，在酶的活性基上结合铜离子，可促进骨细胞活跃，有助于骨基质的形成，从而加速骨折的愈合。参考窖藏中其他药物的使用对象，这些可入药的钱币也应主要用于宫廷皇室。

（四）了解唐代科技文明的实物资料

有关唐代科学技术方面的资料，文献记载很少，何家村窖藏出土的大量金银器，极大增进了人们对唐代金属冶炼、设计和加工等技术水平的认识。

[1] 陈尊祥：《西安何家村唐代窖藏钱币研究》，《中国钱币》1984年第3期。

[2] 韩建武、谭前学：《西安何家村唐代窖藏出土钱币用途蠡测》，陕西文物保护研究院微信公众号“巧手良医”2022年6月9日。

从对出土的银渣块检测得知，银渣块是人工烧炼的产物。而化学分析报告表明，唐代冶银已经使用了灰吹法，说明至少在唐代，中国在炼银上就已经使用了灰吹技术[1]。

从出土的金银器可以看出，唐代金银器成型以钣金、浇铸为主，也有模冲和车削成型。主要加工工艺采用切削、抛光、焊接、铆、镀、刻、镂空等，而焊接又分为大焊、小焊、两次焊和掐丝焊等几种，焊口大多平直，焊缝不易发现，不少器物历经1000多年仍未开裂，说明当时金银工匠的焊接工艺已相当娴熟，尤其值得注意的是，在盘、盒、碗等器物上所发现的切削加工痕迹，其起刀、落刀点显著，螺纹细密清晰、同心度高，各种加工件很少有轴心摆动的现象。据此专家推测唐代已开始使用简单的车床。这种简单车床，其动力仍然是手摇足踩，但它应是近代机床的雏形[2]，尤其是镂空飞鸟葡萄纹银香囊在设计上运用了常平架原理（陀螺仪原理），无论怎样转动香囊，其内的焚香盂始终保持水平状态，根本不用担心火星或香灰外溢。这种在欧美近代才用于航海和航空的常平架原理，中国早在唐代便已掌握并运用于日常生活中，足以反映唐代在金属制造工艺等方面所取得的高度成就。

其他金银装饰工艺鎏金、抽丝、炸丝、镶嵌等，也达到了极高的水平。如唐代银器表面鎏金层很薄，含金量并不高，但经历了1000多年，至今保存完好，亮泽如新。而今天国内外市场上所见到的唐代金银器的复仿制品，不但鎏金层厚，颜色不正，而且整片剥落的现象也很严重。总之，何家村窖藏金银器所展现的精湛的金银工艺充分体现了唐代发达的手工业技术和先进的科技文化。

（五）研究唐代赋税和衡制的重要资料

何家村窖藏出土的370件金银器（包括银饼、银铤）中，带有墨书题记和錾刻文字者，共计149件（详见附录三：《陕西历史博物馆馆藏何家村窖藏文物一览表》），另有7件残存有当时包装纸印上的墨书。这些墨书题记或錾刻文字内容涉及人名、地名、器物名称、器物重量、器物数量以及相关事项。文字数量从1至48字不等，以2至6字居多。书写的字体均为当时流行的楷书和行书。从书写水平及表述习惯来看，似不是一人一时书写，暗示出物品的来源不同。对于何家村窖藏金银器上的这些墨书，有学者认为“应该是上交或进贡给朝廷或皇帝，收藏入库（国库、内库）时登记称重留下来的记录”[3]。但也有学者认为是出库时，也就是搬迁埋藏前登记、清点留下来的，墨书所记以便于日后对账的方便。在出库时详细称量并记录，又说明搬迁出库，绝非匆匆而为，应是从容不迫、有计划的行动[4]。无论如何，这些墨书题记和錾刻文字对于揭示器物名称、唐代衡制、赋税制度，反映埋葬情况、器物来源、检校藏品等均具有重要意义。

[1] 一冰：《唐代冶银术初探》，《文物》1972年第6期。

[2] 陕西省博物馆等：《西安南郊何家村发现唐代窖藏文物》，《文物》1972年第1期。

[3] 申秦雁：《重见天日的遗宝》，《花舞大唐春——何家村遗宝精粹》，文物出版社，2003年。

[4] 韩建武：《关于何家村窖藏的几个问题》，《陕西历史博物馆馆刊》第13辑，三秦出版社，2006年。

镂空飞鸟葡萄纹银香囊

如何家村窖藏出土的30枚银饼中，1枚“怀集庸调”银饼（七一306）、3枚“洊安庸调”银饼（七一307—309），是庸调银实物的首次发现，其上錾刻文字“怀集县开十庸调银拾两专当官令王文乐典陈友匠高童”“洊安县开元十九年庸调银拾两专知官彭崇嗣典梁海匠王定”，直接反映了唐代的租庸调制。庸调银饼是唐代的赋税银。唐代在“两税法”之前，实行的是“租庸调制”。据《旧唐书·食货志》载：成丁的农民“每丁岁入租粟二石，调则随乡土所产，绫绢絁各二丈，布加五分之一。输绫绢絁者，兼调绵三两，输布者，麻三斤。凡岁役二旬，若不役，则收其庸，每日三尺”。当时庸调都是缴纳布匹，不用银。但是《旧唐书·食货志》和《唐六典》都记载，在开元、天宝年间，租庸调制已经遭到破坏，“凡金银宝货绫罗之属皆折庸调以造焉”。也就是说，金银珠宝都可以替代庸调缴纳的布匹。当时有把庸调所收的布帛专门折变成金银珠宝等“轻货”，然后运输到京城国库，称为“变造”。何家村窖藏所出4枚标明开元十年、开元十九年的庸调银饼，正是岭南道怀集县和洊安县用庸调布帛变换成白银，并冶铸成重量标准的银饼输入国库的。錾刻文字内容，既印证了文献有关诸州庸调银及折租等物上缴京师、贮藏中央国库的记载，也弥补了史书记载中相关细节的缺失。60枚银铤中，刻有“朝”字的达56枚。《唐六典》卷二〇记载：“左藏有东库、西库、朝堂库。”左藏是户部管辖的国库，专门管理国家赋役收入。刻有“朝”字的银

“洊安庸调”银饼

铤，即是中央铸造，国家库藏——左藏所属朝堂库之物。

窖藏中的“东市库郝景”银饼（七—312）、“东市库赵忠”银饼（七—315）、“东市库□希卌五两半”银饼（七—318）也是“东市库”银饼的首次发现。东市和西市是隋唐长安城中设立的集中商业区，市内以“井”字形街道分割为九区，每区开设临街的各行店铺，据宋敏求《长安志》：“市内货财二百二十行，四面立邸，四方珍奇，皆所积集。”可见“东市库”银饼是经营邸店、店铺的商人上缴国家的税银[1]，“郝景”“赵忠”等当是商人名。根据《旧唐书》卷四十四《职官三》“两京都市署”：“京师有东西两市”，东市库可能就是京师都市署属下之库[2]，这三枚“东市库”银饼应是唐代商业税收的实物证据。

“东市库赵忠”银饼

何家村窖藏墨书涉及存放物品名称、数量、重量的有 11 件，包括 9 件银药盒和 2 件提梁银罐。银药盒和罐内所装物品名称、数量及重量与实际物品基本相符，对于探讨窖藏的性质有重要的意义。此外，这些墨书题记也有助于器物的定名。如在唐人眼里，颇黎和玻璃是两种物品，以往一直被称为镶金（或包金）白玉镯的首饰唐人称为玉臂环。又如银药盒内放置的多副玉带具有碾文白玉、白玉、更白玉、斑玉、深斑玉、骨咄玉、白玛瑙等名称，朱砂有大粒光明砂、次光明砂、光明碎红砂、光明紫砂、红光丹砂、丹砂、朱砂之称，乳石有上上乳、次上乳、次乳之分。将物与名相对应便可知唐人对这些器物或物品的命名，也可知唐人对朱砂、乳石等药物的等级区分。

“东市库□希卌五两半”银饼

墨书器物自身重量的有 63 件，重量的表述单位有斤、两、分、钱等级。表述方法有三种：一是只标出单个重量，如折腹银碗的重量“七两半”“八两”“十三两”，这种方法较多见；二是连同附件一同标出，如 3 件银盖碗（七—62、七—63、七—64），墨书重量分别是“卅两并底”和“卅两并盖”“二斤一两并底”和“二斤一两并盖”“三斤二两并底”和“三斤二两并盖”；三是成组标重，如盛“大粒光明砂”银药盒（七—222）内墨书“钗钏十二枚共七两一分”。经实测，唐代一两最大为46.6克，最小为38.6克，银饼更有折合一两为46.7克，而以40—43克之间为最多，由此可知唐代衡制的基本情况。此外，盛“光明紫砂”银药盒、盛“光明碎红砂”银药盒、盛“大粒光明砂”银药盒药物标重时出现“大斤”概念，按唐代衡制有大制、小制之分，根据银盒上的墨书，一大斤分别为 660 克、681.6 克、707.5 克、746 克，则唐代一大斤平均为 698.8 克[3]。

“东市库郝景”银饼

何家村窖藏的埋藏时间有安史之乱时和德宗时两种观点。从“东市库郝景，五十二两四钱”银饼可推知，德宗时埋藏的观点可能更接近于事实，因为在盛唐时期，计算重量单位只有“斤”“两”“分”三种，“钱”作为第四种计量单位，出现较晚。

[1] 秦波：《西安近年来出土的唐代银铤、银板和银饼的初步研究》，《文物》1972年第7期。

[2] 李伟国：《关于“东市”“太北”“法化”和“永安五男”》，上海博物馆《周秦汉唐文明研究论文集》，2004年12月。

[3] 韩建武：《西安何家村唐代窖藏金银器上的墨书题记》（上、下），《收藏家》2017年第4、5期。

另外，有些器物外部有墨书，但并非书写，而是包装纸印上去的，多不识，唯可识“容县”等字，说明器物在当时被仔细地包装过，也说明这批物品埋藏前是有充分时间准备的，并非匆忙埋藏。

（六）不可低估的书法价值

唐代是我国书法艺术的鼎盛时期，但现有的书法作品大多载于一些碑刻上，且多为名人名家之作，除敦煌保存的一些经卷写本外，很难看到唐人的书法真迹，因此，何家村窖藏文物上的墨书就显得弥足珍贵。

由于窖藏物品来源不一、制作时间也不一样，窖藏物品上的墨书也显然不是同一人、同一时间书写的，书写风格和水平也存在差异。比如银药盒等器皿上的墨书字体舒展大方，银饼上的墨书字迹则潦草幼稚。结合具体的物品及来源分析，墨书的书写者显然存在着身份的差异，有些是高级管理人员所书，有些为低级税收人员所书，于此，既可以了解当时行政文书的书体情况，也可窥见时人的书法水平。何家村窖藏墨书应属颜体，主要为行书和楷体，有少部分行草。

在金银器上书写比在纸上要困难得多，而且可以挥洒的空间也很有限，所以何家村金银器上的有些墨书，在字体排列上有时松散，有时又特别局促，行距、文字排列也时常有误，使得字体大小不一，有的比较拘谨，有的被空间压迫得似无法喘息。但总体来说，字体舒展大方，笔锋遒劲有力，颇具书法功底。如盛“光明紫砂”银药盒、盛“大粒光明砂”银药盒等，字体活泼圆润，行气贯通，字体大小匀称，笔锋有藏有露，筋力丰满。盛“次光明砂”银药盒，楷书味很浓，用笔横轻竖重，笔力雄健而有厚度，兼以笔画重，更增加了气势宏大圆润、浑厚的美感。盛“上上乳”“次上乳”“次乳”银药盒，字体浓纤得体，筋力丰满，又有纵横跌宕的特点，结构上方正茂密，方中呈圆，竖笔向中略显弧度，这在“须”“简”中均有所表现，显得刚中有柔，富有动态。总之，何家村窖藏金银器墨书气势充沛，巧妙自然，笔墨淋漓，深得颜体要领。何家村金银器上墨书以颜体为主，说明当时颜体书法的流行，其时可能颜氏尚在或过世不远。[1]

[1] 韩建武：《西安何家村唐代窖藏金银器上的墨书题记》（上、下），《收藏家》2017年第4、5期。

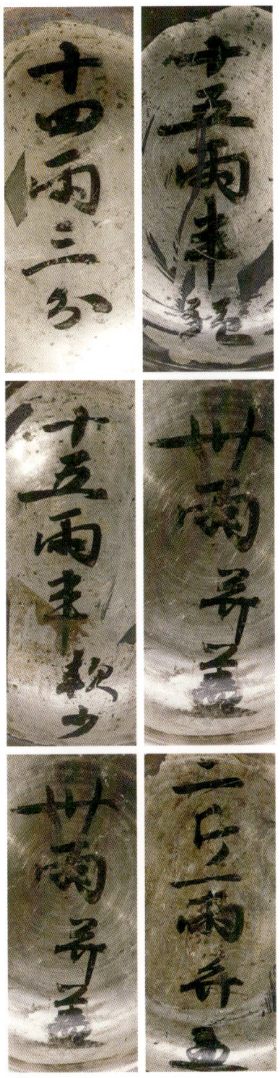

何家村窖藏部分器物上的墨书

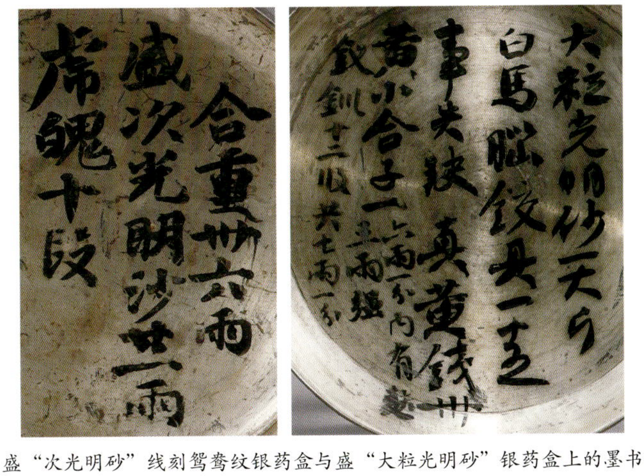

盛“次光明砂”线刻鸳鸯纹银药盒与盛“大粒光明砂”银药盒上的墨书

（七）体现了唐代装饰艺术的最高水平

何家村窖藏金银器之所以为人们所重，并不仅仅是因为其昂贵的材质和富丽的色彩，更重要的还在于它有着极具艺术魅力和文化内涵的装饰纹样。就主题纹样而言，它取材广泛，举凡珍禽异兽、蜂蝶虫鱼、花草折枝、现实生活等，几乎包括唐代流行装饰纹样的全部。透过绚丽多彩的唐代金银器纹样，不但可以领略到唐代文化艺术的雄浑博大，还可以感受到唐代社会生活的五彩缤纷。

从构图上看，唐代金银器纹样可分为点装和满地装两大类型。点装是以单纯的纹样在器物局部进行装饰，又可分为单点式和散点式两种：单点式是用一个（种）纹样装饰器物的一点或两点，纹样与器物的平面曲线造型相结合，取得美观大方的效果。散点式是将动物或植物纹样等距离反复出现于器物的外表，纹样之间留有较大的空白，花清地白，节奏清楚。满地装是以各种纹样将器物通体加以装饰，使器物显得富丽堂皇。适合纹样、连缀纹样、格律式纹样、平视式纹样、装饰化纹样是满地装的六种构图形式[1]。无论是点装还是满地装，构图大多自由又有规范，灵活而又不失法度，尤其讲求对称呼应，注重在一种比例与权衡中谱写节奏和韵律，表现了唐代金银器装饰艺术的高超水平，同时也标志着唐代在艺术思想和民族审美心理方面已日趋成熟。无独有偶，同样在盛唐、中唐之交成熟起来的以杜甫、颜真卿为集大成的律诗和楷书，也具有这种特质。它们保留了盛唐以来的那种磅礴气势与情怀，并在形式上加以规范定型，使之严整有序，成为唐以后历代效法的艺术典范。

鹦鹉纹提梁银罐

唐代金银器造型繁多，每种器物又有多种造型，但普遍浑圆饱满，有一种昂扬自信的情绪和勃勃生机。宋代也流行银质酒具，全国各地发掘的宋代中型以上墓葬，常见金银器随葬。所以可对比唐宋同类器形。宋代器皿造型样式同样繁多，但大多轻薄小巧，典雅秀美，纹饰上追求诗情画意。而唐代金银器普遍形体高大，造型丰盈有气势，设计中简与繁、疏与密、动与静运用巧妙，并且鎏金，使唐代金银器具备一种成熟而大气的美，突破了金银器最易出现的纤巧有余而气势不足、富贵有余而高雅不足的局限，在熠熠银光与灿灿金光中体现了唐人的精神风貌与时代气息[2]。最典型的当数鹦鹉纹提梁银罐（七—277），其器体高大，造型雄浑、丰腴，图案饱满大度，回转自如，有着蓬勃的生命力和欣欣向荣的力度，通体的鎏金，则使之显得富丽堂皇，可以说，辉煌灿烂的大唐文化和昂扬自信的大唐精神在这里得到了最淋漓尽致的再现。

唐代金银器上的纹饰不仅要求造型、结构、色彩符合形式美，使视觉得到愉悦，而且还大多附会、寄寓了一定的美好、吉祥含义，让人在心理上也得到满足。比如，以龟纹和狐纹装饰银盘分别含有神龟献寿和祈求平安之意；鸳鸯的大量出现，反映了人们对白头偕老、夫妻恩爱的

[1] 韩伟：《海内外唐代金银器萃编》，三秦出版社，1989年，第13—16页。

[2] 朱天舒：《唐代金银器与大唐气象》，《西北大学学报》1996年第1期。

爱情生活的追求；牡丹、宝相花是富贵的象征，忍冬、莲叶、石榴等纹样表现了人们追求子孙繁衍、人丁兴旺的心态；这些纹样一方面使器物更加精美，另一方面又寄托了当时人们对美好生活的强烈期望与追求，反映了唐代金银器装饰图案形式和内容的和谐统一。

三

西安何家村窖藏自1970年发现以来，受到了广泛而持久的学术关注。学术界从考古学、历史学、美术学、宗教学、音乐学、材料学、机械学等方面对其开展了多方面的研究，取得了诸多共识，极大地推动了对唐代历史文化及中外文明交流互鉴的认识。

已经取得的研究共识主要有：第一，这批器物为皇室或皇帝收藏（国库），器物年代不一，既有唐代不同时期制作的，也有前朝流传下来的。第二，器物渊源复杂，构成多样。既有外来的贡奉品（贸易品），也有模仿西方器物的产品，还有不同材质器物之间存在相互模仿的现象。第三，器物的造型、纹饰、功能、文化渊源与意义具有非常浓厚的时代特征，均为唐代制造技术的集大成者，反映了中西文化交流所激荡出的多元融合的艺术风格，开创了中国古代金银器制造的高峰期。第四，器物在整体上构成了集收藏、炼（食）丹、奢华品于一体的庞大体系。第五，有些器物是汉唐丝绸之路交流的主要物品，且为主要供皇宫和显贵享用的奢侈品，反映出萨珊波斯、东罗马帝国和唐代上层统治者们通过礼物交换表达各自的统治理念、权力观念和信仰习俗[1]。此外，在具体器物的研究上，也基本厘清了各类器物的用途及在历史研究、中外文化交流方面的重要价值[2]。

何家村窖藏发现已经 50 余年，虽然取得了不少研究共识，并对某一件、某一类器物的研究取得了很大的进展。但对窖藏埋藏年代、埋藏原因及窖藏主人等重要问题，一直众说纷纭，未有定论，也在一定程度上影响了研究工作的进一步深入。

对于何家村窖藏的主人和埋藏年代，目前主要有以下几种观点：

第一种观点：主人为邠王李守礼，埋藏于唐玄宗天宝十四载（755）的安史之乱。1970年 10 月何家村窖藏发现后，发掘者根据考古钻探，确定窖藏地点位于唐长安城兴化坊中部偏西南。兴化坊在外郭城北面偏西的位置，靠近皇城附近，是王族贵戚和达官显要居住的黄金地段。而当时的邠王李守礼府宅正好位于兴化坊西门内。因此，大多数专家认定这批器物的主人应为邠王李守礼后人的遗物。李守礼是李贤的儿子、唐玄宗的堂兄。李贤曾被立为皇太子，后来因为反对母亲武则天持政，太子之位被废，并被贬到四川，不到 30 岁就去世了，后追谥章

[1] 杨瑾：《跨学科视阈下的西安何家村窖藏文物研究综述》，《文博》2019年第3期。

[2] 有关何家村窖藏文物的具体研究情况详见杨瑾《跨学科视阈下的西安何家村窖藏文物研究综述》以及韩建武《西安何家村唐代窖藏研究综述》（《陕西历史博物馆馆刊》第16辑，三秦出版社，2009年）两篇文章。

[1] 郭沫若：《出土文物二三事》，《文物》1972年第3期。

[2] 段鹏琦：《西安南郊何家村唐代金银器小议》，《考古》1980年第6期。

[3] 齐东方：《何家村遗宝的埋藏地点和年代》，《考古与文物》2003年第2期。

鎏金小簇花银盖碗

怀，人称章怀太子。他的儿子李守礼受父亲的连累被长年囚禁在宫中，直到中宗登上皇位，给李贤平了反，李守礼才被释放出来，后进封邠王。李守礼还曾先后担任过刺史、司空等官职，司空即是主管皇宫手工业作坊和金银铸造业的官员，所以他有条件接触到这批财宝。因此最初参加考古发掘和研究的学者推测，这批器物是邠王李守礼埋藏的，埋藏地点在邠王府内。同时，还根据遗宝中时代最晚的银饼是开元十九年庸调银、埋藏情况以及遗迹没有修饰痕迹，而进一步认定遗物是邠王府在安史之乱发生时，为躲避战乱而匆忙埋藏的，也即遗宝埋藏于安史之乱时。而郭沫若先生则明确指出这批文物是“唐玄宗李隆基天宝十五年六月因安禄山之乱逃奔四川时，邠王李守礼后人所窖藏”[1]。八年战乱结束后，虽然嗣邠王李承宁由四川回到了长安，但也许是经办人死于战乱，这宗埋藏于地下仅 1 米多深的宝藏，从此便无人知晓了。直到1200 年后，一次偶然的建筑施工才使它们得以重见天日。这是21世纪初以前有关何家村遗宝主人及埋藏年代的主流观点。

第二种观点：认为何家村窖藏遗址的位置不在邠王府，其埋藏年代应为晚于安史之乱的唐德宗时期，即公元780—805年。持这一观点的是中国社会科学院考古研究所的段鹏琦先生。他利用考古类型学方法，根据唐代器物纹饰演变规律，将何家村窖藏金银器分为四期：第一期约当高宗至武则天时期，代表器物有狩猎纹高足银杯、金花银盒，器物从器形到纹饰都表现出浓厚的萨珊朝金银器风格。第二期约当中宗至玄宗时期，代表器物有金花银洗、刻花银碗、蔓草鸳鸯纹银羽觞等。这一期的器物上，出现了枝叶繁茂、鲜花怒放的较大型花卉图案，开启了下一期装饰图案的先河。第三期约当玄宗末至代宗时期，代表器物有鹦鹉纹提梁银罐、鎏金银匜等，其花纹组合与第一、二期不大相同，多以羽鸟、团花为中心，周围绕以缠枝花，总体气韵生动，富于写实意味。第四期约当德宗时期，典型器物是三件银盖碗，纹饰属花卉图案，但在构图上追求严谨，讲究对称，因而显得拘谨而缺少活力。通过对纹饰的排比分析后，他认为何家村遗宝中的金银器是一个相当长的历史时期所造器皿的集合体，其最晚的器物制造于唐德宗时期，因此，这批遗宝的埋藏年代应在唐德宗时期。此外对于出土地点，他还对唐韦述《两京新记》关于方位的表述重新进行分析，认为何家村窖藏不在邠王李守礼宅或府。窖藏主人是达官贵族，但具体是谁，还有待进一步探索[2]。

第三种观点：主人为租庸使刘震，埋藏于唐德宗建中四年（783）的泾原兵变。2003年，北京大学齐东方先生在其撰写的《何家村遗宝的埋藏地点和年代》[3]一文中，通过对唐代韦述《两京新记》、清代徐松《唐两京城坊考》中居住在兴化坊的住户进行分析、梳理和排除后，认为只有租庸使刘震的住宅与何家村遗宝的地点基本吻合。而且刘震作为租庸使有条件管理官府财物，并结合遗宝中有为数不少的“庸调”银饼以及泾原兵变时刘震派人携带大量金银财宝避乱的情况，进而断定何家村遗宝为租庸使刘震于唐德宗建中四年（783）泾原兵变时埋藏。后来，由于刘震夫妇受伪官被杀，导致“这些珍贵的财宝也长期埋在地下无人知晓了”。

第四种观点：主人为吐蕃所立伪皇帝李承宏，埋藏于唐代宗广德元年（763）。持这种观点的是陕西历史博物馆杭志宏先生。他通过梳理韦述《两京新记》、宋敏求《长安志》中对兴化坊的表述，并以考古工作者对长兴坊、兴化坊的勘探试掘结果为佐证，认为兴化坊内确实只有东西横街，不存在南北大街以及以十字街划分的十六个街坊，遗宝的出土地点应该就是邠王府旧址。邠王李守礼于开元二十九年（741）去世，其60多个子女中，正史留下记录的仅有4人：一女（李奴奴），三男（李承宏、李承宁、李承寀）。唐代宗广德元年十月，吐蕃人占领长安后，曾立邠王李守礼长子广武王李承宏为皇帝，虽然只当了短短的15天，但只有李承宏才有可能将皇宫内库珍宝转移出来运至离皇城不远的自家宅邸，看到形势不妙便埋藏起来。此外，杭志宏先生还通过对金银器上墨书的分析，认为遗宝可分为两类：一类属于来自皇宫国库的珍宝，如墨书标注名称、重量的金银器皿、玉石宝物；一类属于邠王府私家财物，如中外历朝钱币。墨书的内容也反映出避讳“金”字的特点，可能与邠王家族前辈泽王李上金、和亲吐蕃的金城公主有关，这也从另一个方面证明了何家村遗宝与邠王家族有关[1]。

[1] 杭志宏：《对何家村遗宝的一些新认识》，《文物天地》2016年第6期。

第五种观点：主人为唐玄宗，埋藏于安史之乱时。这是上海大学姜一鸣教授2018年提出的最新观点。他认为何家村窖藏中大量高品质、高级别的珍宝，“显然来自皇宫而非任何个人”，结合窖藏中大量只能出现在玄宗时期的“标志性特色”物品，比如用于金钱会的“开元通宝”金钱，用于道教“投龙简”仪式、只有天子才能使用的金走龙（七一287—292），可印证仅见于玄宗时期的舞马衔杯祝寿表演活动的

鎏金舞马衔杯纹皮囊式银壶

鎏金舞马衔杯纹皮囊式银壶（七—48）以及唐玄宗痴迷道教而窖藏中又有大量与道教有关的炼丹器具和药物等因素，推断何家村窖藏物品来自唐玄宗时期的皇宫，安史之乱时由虢国夫人和杨国忠具体策划实施了宝藏的转移和埋藏。由于这两位当事人均在“马嵬驿事变”中被杀，致使这一藏宝“秘密”保持了1214年之久。[1]

除上述五种主要观点外，还有一些学者就窖藏的主人提出了自己的看法。如北京大学的林梅村先生认为何家村窖藏遗宝属于大明宫琼林库的皇家宝藏，建中四年（783）泾原兵变时，唐德宗仓皇逃往奉天（今陕西乾县），由于所带宝物太多，便将部分宝物临时埋在了途经之地——兴化坊内[2]。陕西历史博物馆的韩建武先生主要根据遗宝中有十副级别极高、通常只有皇帝才能使用的且绝大部分是未完成品的玉带銙以及窖藏中还有相当数量未完成的金银器皿、部件、原材料等情况，推断遗宝属于唐代中央官府中尚署掌管的皇家财物。因为中尚署的职责是“掌供郊祀圭璧及天子器玩、后妃服饰雕文错采之制，凡金木齿革羽毛，任土以时而供”[3]以及“检校进奉杂作”[4]，另外《新唐书》又记载中尚署下有“金银作坊院”。因其是“检校进奉杂作”的检验部门，故有地方进奉的器物；因其掌供天子器玩，故有外国货币、各国宝物；因其有金银器作坊院，故有未完成品及原料，中尚署所需原料来自“任土以时而供”，金银器作坊院的完成品和未完成品定期要上交中尚署库房审核查验，这种将制造部门和管理部门分开，可能是唐代金银器管理的一种制度[5]。北京大学的沈睿文先生则认为窖藏与道教有关，并与众不同地将遗宝器物分为炼丹器具、装盛炼丹药物的金银器皿、炼丹药物和未成品、斋醮及厌胜器物、配套使用的器物四大类，推断窖藏为拥有者的药院[6]。目前，对于何家村遗宝的性质，多数学者认为属于皇家宫廷用物，但也有人认为属于贵族私家之物[7]。

何家村窖藏的构成、来源和内涵极其多样和复杂。但目前有关何家村窖藏埋藏年代及归属的研究似乎未对此给予充分的重视，大多仅从某一方面入手讨论，似有“见木不见林”之嫌。因而，看似自然合理的结论不但经不起推敲，而且在解释有关问题时也矛盾重重。

通过遗物研究其他问题的前提是要确定器物的年代，而作为何家村遗宝的整体，埋藏年代又是最基础、最根本的问题。这一问题没有解决之前，其学术价值很难得到更多的“发掘”。如果不尽可能对器物进行精确的断代，无法细化对器物的认识，由此引发的其他研究很难深入。因此，考订何家村遗宝的埋藏时间无疑成为何家村遗宝研究中最紧迫而重要的问题[8]。由于何家村窖藏内容的丰富性、复杂性和多元性，学者在探讨这个问题时，必须综合考虑各种因素，才有可能得出相对准确、经得起各方面推敲的结论，尤其要注意的是，不能将研究的目光只聚焦

[1] 姜一鸣：《“何家村藏宝”考辨》，《中华文化画报》2018年第9期。

[2] 林梅村：《唐武德二年罽宾国贡品考——兼论西安何家村唐代窖藏原为大明宫琼林库皇家宝藏》，《考古与文物》2017年第6期。

[3] 《新唐书》卷四十八《百官志三·少府》。

[4] 《唐会要》卷六十六《少府监·中尚署》。

[5] 韩建武：《关于何家村窖藏的几个问题》，《陕西历史博物馆馆刊》第13辑，三秦出版社，2006年。

[6] 沈睿文：《一个与道教有关的遗存——何家村窖藏再认识》，《中国文物报》2003年6月13日第7版。

[7] 荣新江：《关于何家村窖藏与唐长安的物质文化》，见荣新江著《隋唐长安：性别、记忆及其他》，复旦大学出版社，2010年，第47—65页。

[8] 齐东方：《何家村遗宝的埋藏地点和年代》，《花舞大唐春——何家村遗宝精粹》，文物出版社，2003年，第12页。

于那些纹饰精美、有墨书题记的代表性器物上，而必须对窖藏中大量无纹饰、形制雷同、似乎没有太多观赏价值以及一些不引人注目的小件器物给予应有的关注：比如 45 枚形制相同的素面银碗、23 件结构相同的银锁、26 件银钉形饰、7 件金银器半成品、9 副玉带銙半成品、1 件内底装饰脱落的银碗、16 斤被称为炼银渣块的金属烧结物、可作为原料的银饼以及作为部件的银匜流等。也许，对这些器物的研究会对解决窖藏性质、归属及埋藏年代带来意想不到的突破。当然，这也对研究资料的系统性和完整性提出了更高的要求。

长期以来，学术界之所以在何家村窖藏的埋藏年代和归属问题上众说纷纭，无法达成共识，以致被称为“何家村遗宝之谜”，除研究者自身的学术视野和研究方法影响之外，最主要的原因就是窖藏发掘、收藏单位未能及时编写出版发掘报告，致使研究者长期看不到全面、系统、完整的窖藏资料，只能依靠一些零星的资料进行研究，这显然不利于何家村窖藏的整体、深入研究。

事实上，作为何家村窖藏文物的收藏单位，陕西历史博物馆早就意识到了这个问题。为此，在20世纪90年代开馆之初，就组织了以当初何家村窖藏的清理者和发掘者、副馆长韩伟先生为主编的发掘报告编写团队。遗憾的是，随着1994年韩伟先生调任陕西省考古研究所所长，此事被迫搁置。此后，陕西历史博物馆曾多次重新启动发掘报告的编写工作，但因机构调整、人员调动等诸多原因均无果而终。2020年是何家村窖藏发现 50 周年，回顾 50 年来的研究历程，作为窖藏文物的收藏单位，陕西历史博物馆再次意识到了编写发掘报告的重要性和紧迫性，认为自身有义务和责任向学术界提供何家村窖藏尽可能完整的资料。为此，又一次启动了发掘报告的编写工作。鉴于何家村窖藏为非严格意义的考古发掘遗址，再加之目前学术界对于何家村窖藏遗物的性质、功用等尚未形成一致意见，为避免先入为主，我们参照考古发掘报告的编写体例，主要按照遗物材质分类编排，重点介绍遗物本体情况，突出窖藏的原真性、完整性、系统性的原则，编写了这本《西安何家村唐代窖藏文物集成》。

我们希望同时也相信本书的出版发行必将对推动何家村窖藏文物的深入研究发挥重要的作用。

壹

金质类器物

何家村窖藏共出土金质类器物29件（包），主要包括饮食器、药具、女性首饰、宗教用品以及用于金器制作的金箔和麸金。中国本无使用金银器皿的传统，而西方尤其是中亚一带盛行使用金银器皿。唐代『丝绸之路』极为畅通，中外经济文化交流空前发达。何家村窖藏出土的金银器既证明了唐人对外来事物的崇尚，也反映了唐代经济的繁荣昌盛以及社会的富庶丰裕。

001

鸳鸯莲瓣纹金碗

其一（七一275）

高5.3厘米　口径13.5厘米　足径6.8厘米　重391克

其二（七一276）

高5.3厘米　口径13.7厘米　足径6.8厘米　重392克

七一275正视图

共出土2件。两碗造型、纹饰相同。锤揲制作。侈口，弧腹，圜底，焊接喇叭形圈足。器壁为上下两层向外凸鼓的莲花瓣纹，每层10片，上下轮廓相合。每一个莲瓣都錾刻装饰图案。上层主题是动物纹，有鸳鸯、野鸭、鹦鹉、狐狸等。下层是单一的忍冬花图案。莲瓣上、口沿外壁一周装饰飞禽和如意云纹。莲瓣之下、圈足外壁一周装饰方胜纹。金碗内底平錾团花，外底中心饰有一只飞翔于花草之中的鸳鸯。主纹之下，全部以鱼子纹填地。两碗内壁分别墨书『九两三』『九两半』，称重却仅相差1克。另，两碗外底装饰略有不同，中心虽均为一只鸳鸯，但回首方向不同，呈回首相对状。

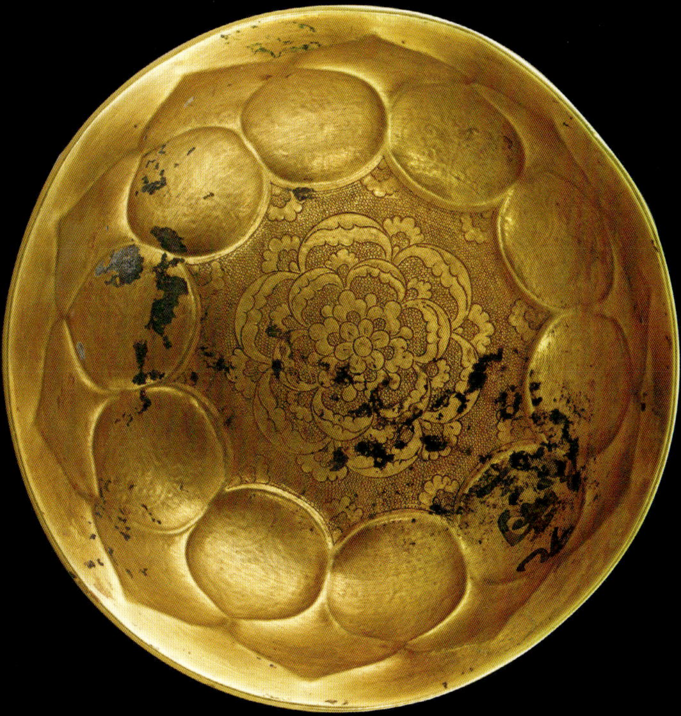

七一275内壁

七一275外壁

七一275线图

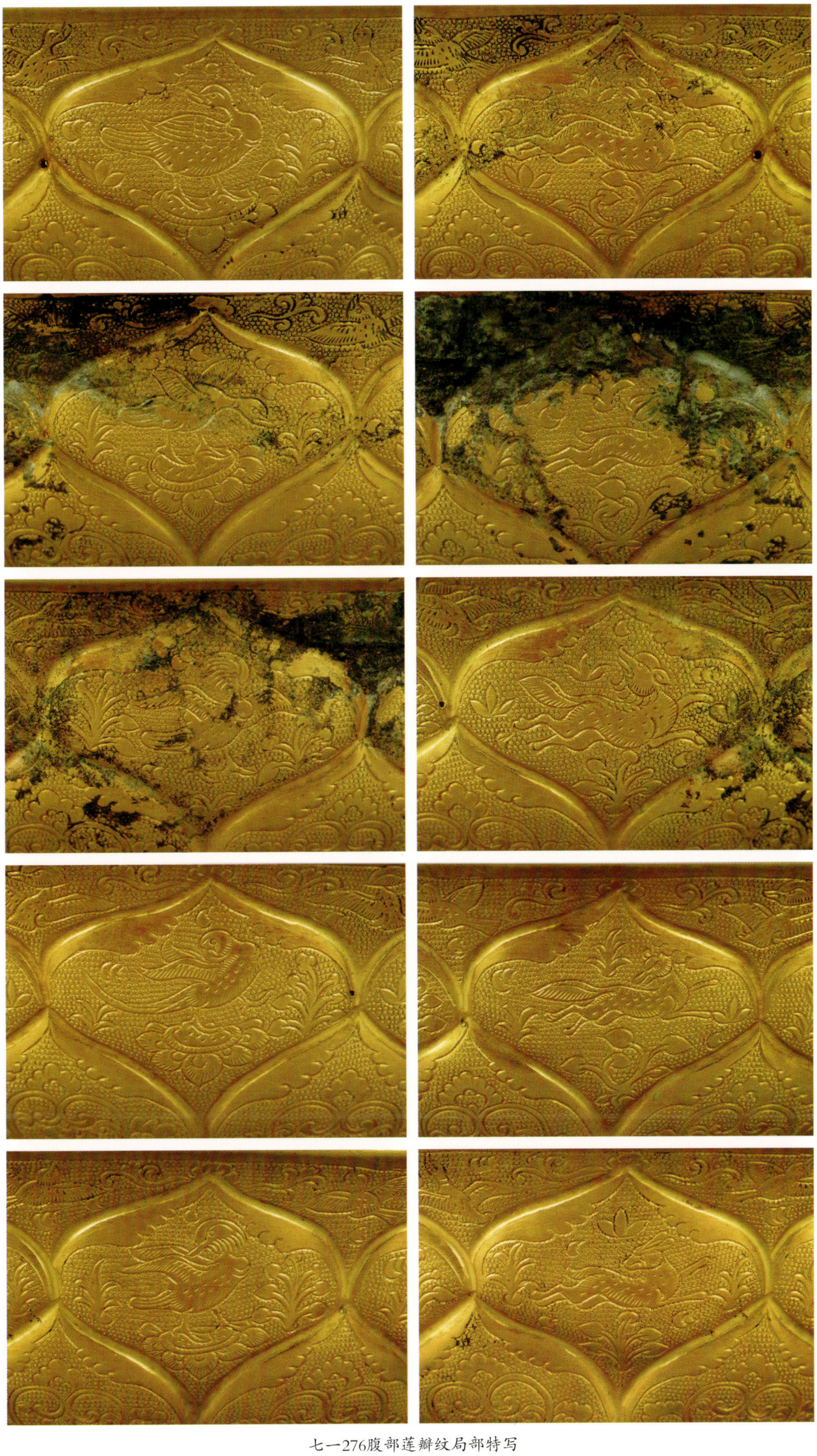

七一276腹部莲瓣纹局部特写

七一276正视图

七一276内壁

七一276外壁

七一276线图

— 002 —

素面折腹金碗

七一217

高 6.8 厘米　口径 14.9 厘米　足径 7.7 厘米

重 550 克

纯金质，素面无纹饰。侈口，深腹，腹壁中部锤揲出一道外凸折棱，圜底下焊接喇叭形圈足。内底墨书『十三两半』。折腹器是西方陶器、金银器较流行的形制，除这件折腹金碗外，何家村窖藏还出土有折腹银碗，它们应是受西方影响而制造的器物。

003

金筐宝钿团花纹金杯

七一100

高5.9厘米　口径6.8厘米

重230克

浇铸后锤揲成型。侈口，带圈足。把为环形，呈叶芽状。杯把不与器体直接相连，系焊接于叶形垫片上，垫片则铆接于杯体。杯腹焊接以金丝编成的四朵团花，每朵团花边缘焊接排列有序的小金珠。金杯的口沿下与底足上焊接对称的八个云头纹饰。与团花风格一致，云头纹外边缘也焊接有小金珠。圈形底足焊接于杯底。出土时，团花内镶嵌的宝石脱落，但环柄左方的一朵团花仍有镶嵌物的粉末痕迹，呈白色。杯体内可见残渣，为使用痕迹。器底附有绿锈。与其他唐代金银器物相比，此杯的不同之处在于突出地运用了掐丝编结、镶嵌、炸珠等特殊工艺，杯腹所饰团花，在唐代金银器中也不常见。此外，杯的形制明显受到粟特带把金银器的影响，展现出异域风采，而其规整的团花、精致的云头纹，则表现出中国传统装饰的风格，是一件典型的中西合璧器物。

金杯局部

金杯外壁

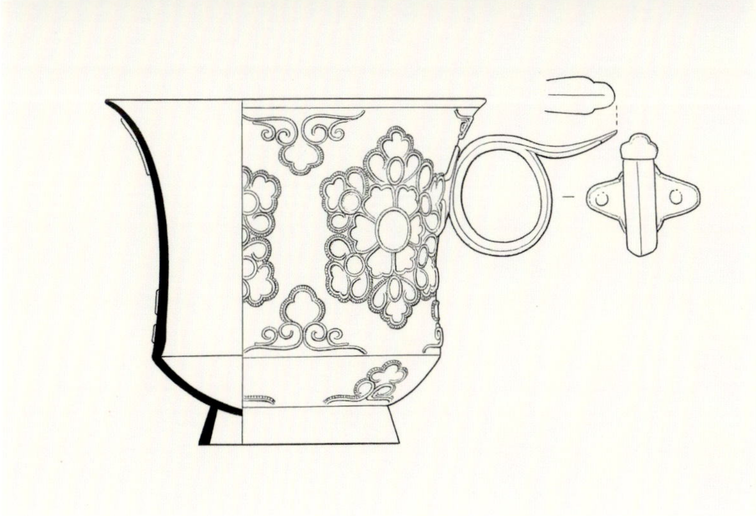

金杯线图

—004—

伎乐纹八棱金杯

七一101

高 6.4 厘米　口径 7.2 厘米　重 380 克

八棱形杯身，侈口，尖唇，器壁略有束腰，器体厚重（似为铜胎）。杯体下部有横向折棱，底部内收，但仍为八棱形。喇叭形圈足，足沿为联珠形式。杯体一侧有大联珠环柄，上端附接胡人头像的平錾。八个棱面各装饰一手执乐器的乐伎，外有高起的界栏，界栏上装饰联珠纹。乐伎系单独铸造然后贴焊于杯身，故纹样模糊。

器身作八棱形的带把杯，本是粟特地区银器的典型造型。这件带把杯无论造型还是装饰风格都有着浓郁的粟特器物风格，极有可能是粟特工匠在中国制造的，制作年代当在七世纪后半叶或八世纪初。

金杯外壁

金杯内壁

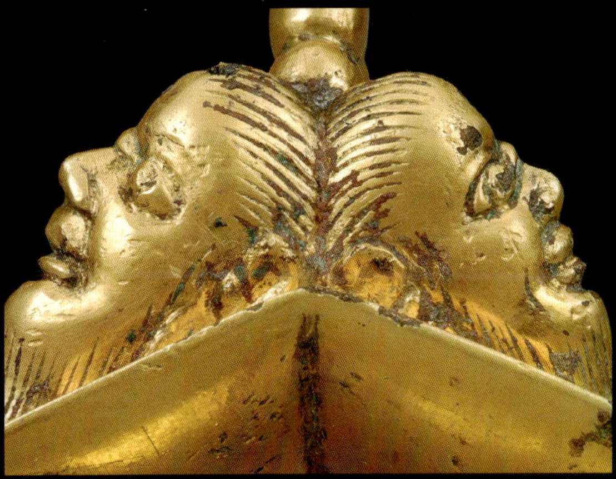

金杯指垫

金杯腹壁乐伎形象

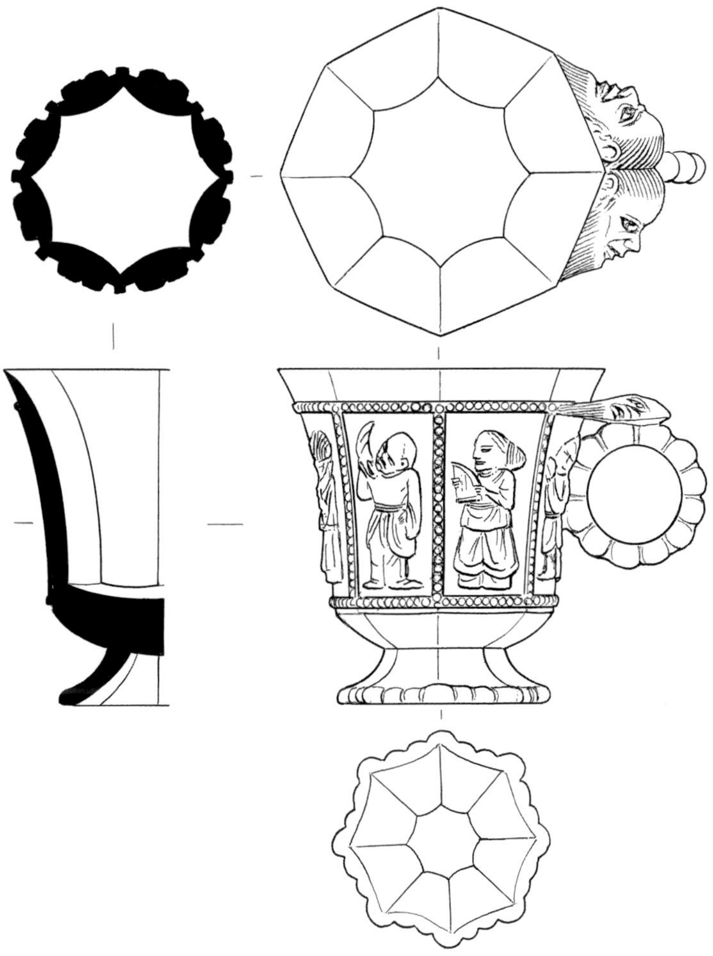

金杯线图

人物纹八棱金杯

七一102
高 5.2 厘米　口径 7 厘米　足径 3.2 厘米
重 225 克

八棱形杯身，侈口，圆唇，腹部略有束腰。杯体下部有横向折棱，底部内收为圜底，喇叭形圈足，足下部外折张开，足沿为联珠形式。杯体一侧有环柄，上端附接云头形平鋬，平鋬上錾刻一深目高鼻有长髯的胡人形象。杯体八面内各装饰一个高浮雕人物，除一人双手合十、袒胸露腹外，其余均穿翻领窄袖胡袍，束带着靴，两侧装饰忍冬卷草纹。每一面有高起的界栏，界栏上装饰联珠纹。此杯无论造型还是纹饰均明显具有粟特银器特点，有可能是生活在中国的粟特工匠制作或中国工匠仿粟特器物而制作的。

金杯内壁

金杯指垫

金杯线图

金杯腹部人物形象

006

金药铛

七一218

高 5.5 厘米　口径 17.5 厘米　流长 2.9 厘米　重 683 克

器物主体部分为金质，长柄为银质，已残。素面，直口，深直腹，下收为圜底略平。一侧口沿有圆槽状短流。与流成直角的一侧口沿为活页长柄，惜银质折柄已经断失，只留下合页结构的顶端还套在金质柄轴上。器壁厚重，外壁有明显锤揲痕迹。内底有『旧泾用十七两暖药』三行墨书，表明为温药用器物。从内壁残留的痕迹看，此器曾经长期使用过。

内壁

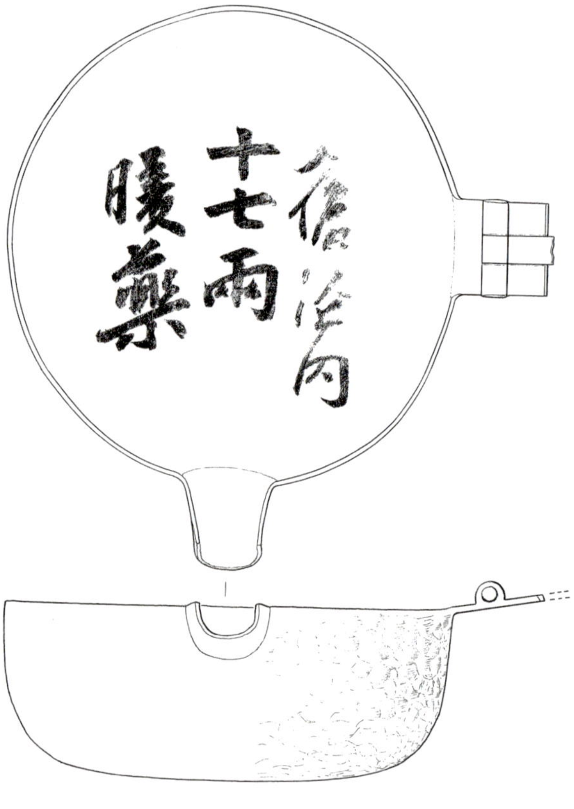

线图

007 双狮纹金铛

七一126
高5.2厘米 口径9厘米 柄长2.9厘米
重268克

锤揲成型，单柄呈叶芽形，下有三兽足。外底部中心分出九条水波纹曲线，将外壁分成九个S形区间，内錾刻出双鸟衔绶、衔方胜、立狮及花卉等纹饰，底部饰满鱼子底纹。铛内底饰有做奔跑嬉戏状的高浮雕式双狮。

在器物上分区构图，是西方金银器中常见的构图方式，金铛内底双狮周围环绕麦穗纹圆框的做法也是萨珊金银器中常见的『徽章式纹样』。但铛是中国的传统器形，在南北朝时就已出现。根据文献和出土资料，铛有茶铛、酒铛、药铛等多种用途；从材质上看，有土铛、瓷铛、铁铛、铜铛、金铛等。此外，还有折腰铛子、折脚铛儿、折足铛等称谓。在道教炼丹术的丹诀中，铛常作为炼丹器具使用。结合何家村窖藏所出的药物分析，此铛当为炼丹器具。

内壁

外壁

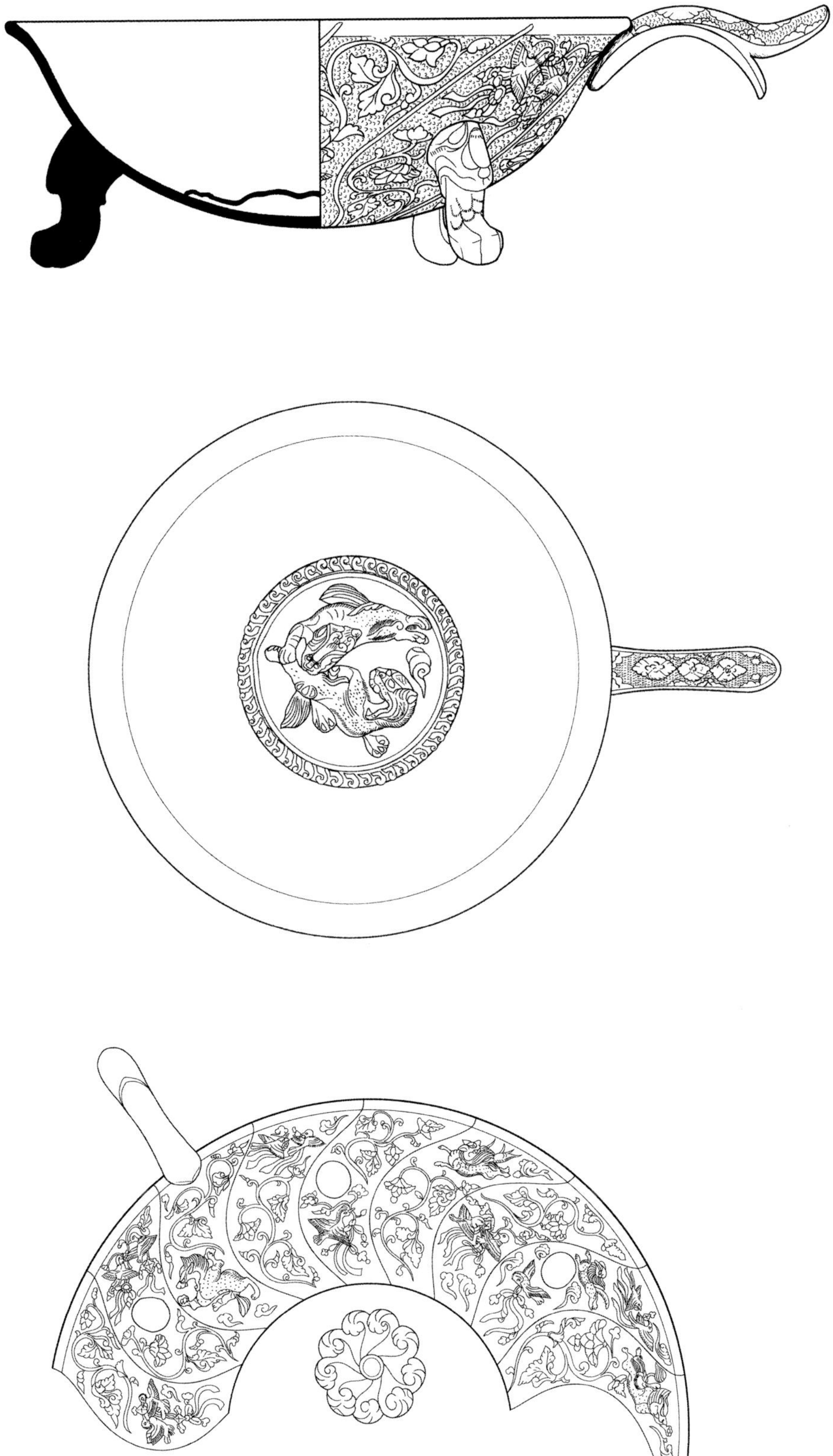

线图

— 008 —

素面金盒

七一223

盒径 8.4 厘米　高 4 厘米　盖壁厚 0.12 厘米

子母扣部壁厚 0.08 厘米　重 259 克

圆形，盒盖与盒底均隆起呈慢拱形，子母口扣合严密。通体光素。盒为一次性整体成型，上下底部内侧锤揲痕迹隐约可见，盒内有清晰的旋纹（即同心圆）。此盒即盛『大粒光明砂』银药盒（七一222）内所装的『黄小盒子』，盒盖内墨书『六两一分』，出土时内装麸金，实测重量 126 克。

麸金，是从沙土中淘炼出的金屑，状如麸片，故名。唐时服食丹药盛行，也服食少量的黄金，认为服食黄金与丹砂具有强身延寿的同等效果。如《诸家神品丹法》卷三上记载：『取上好金五两，打做合子……又用上好银一十两，打一大合子……坐金合子在中心。』表明大银盒内放小金盒是丹家盛放丹药的惯用做法。素面金盒出土时放在银盒内且装有麸金，不但印证了文献记载，而且还说明金盒是盛放丹药的药具，盒中所盛的麸金则为药用。唐代银盒出土的数量较多，但纯金盒数量极少，仅何家村窖藏出土了一件。

金盒内壁及墨书

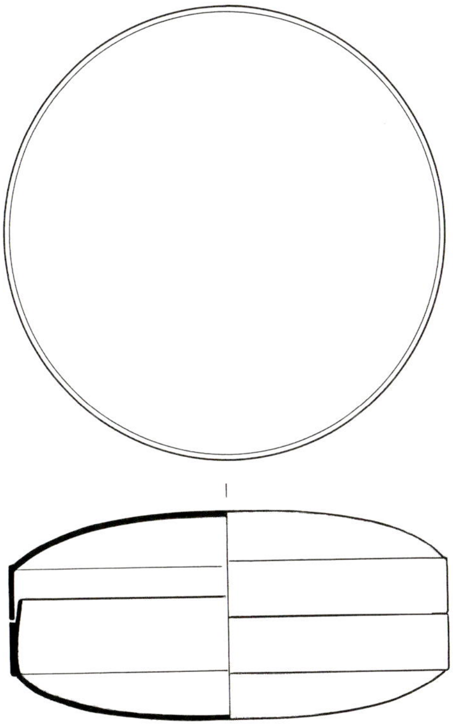

线图

009

素面金盆

其一（七一72）

高6.7厘米　口径24厘米　重2074克

其二（七一73）

高6.7厘米　口径24厘米　重2075克

锤揲制作。共出土2件，形制、大小大致相同。素面，侈口，卷沿，浅弧腹，圜底，器壁厚重。内壁抛光细腻，外壁有锤揲遗痕。

何家村窖藏发现的金盆为迄今唐代金银器中所仅见。王建《宫词一百首》：『从从洗手绕金盆，旋拭红巾入殿门。众里遥抛新橘子，在前收得便承恩。』描写的就是皇宫里嫔妃们使用金盆盥洗的情景。金盆不仅用于皇宫里的嫔妃洗手洗面，同时也是为新出生的皇子洗身使用的器具。这两件金盆或许就是皇宫中的洗儿盆。

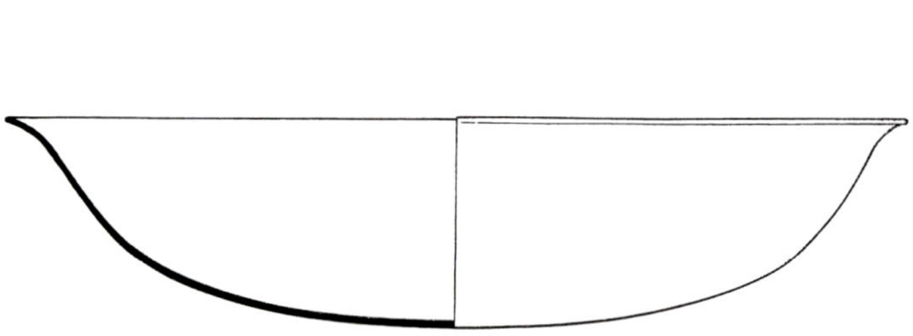

七一72正视图及线图

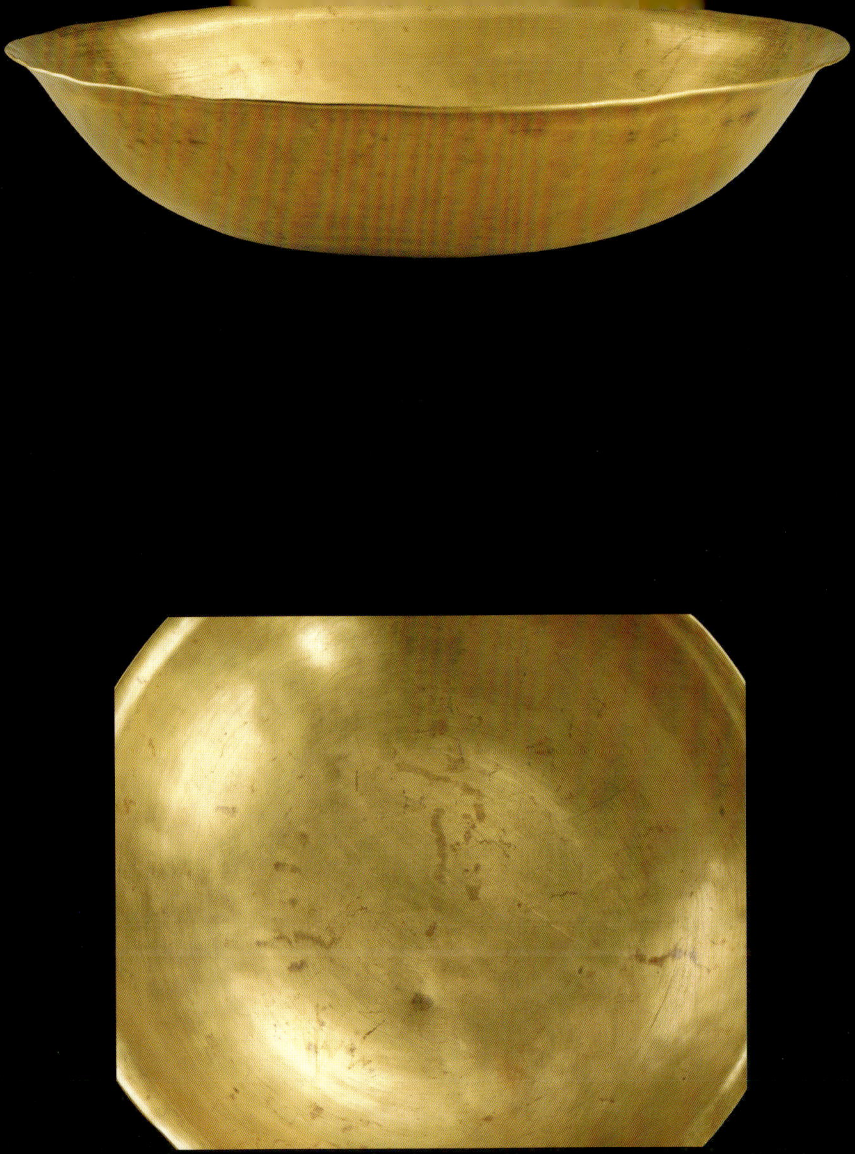

七一73正视图及内壁

010 金梳背

七一224

高 1.7 厘米　长 7.7 厘米　厚 0.34 厘米

重 3.2 克

纯金质，呈半月形。以顶端相连的两层半月形金片为基质，两面掐丝焊接出花纹。花纹以对称的卷枝花草为中心，辅以各种边饰。卷枝花草由金丝坠焊的多重卷枝和金筐内填金珠的花苞构成；边框为金丝编结的绳索纹，下沿另加一条由小金珠坠焊的联珠纹。底部中空，内可以插梳齿。梳背脊部用两股金丝编结成卷云式纹样，加圆形外框和联珠边饰，然后一正一反，折叠装饰于梳背脊部的两面，每一面都形成垂缨式的效果。

在唐代，流行用小梳插在发髻上以做装饰。当时一般多在髻前横插一把发梳，也有将两把上下相对或将多把小梳排列有序地插于发间。从这件梳背的尺寸和工艺看，应为装饰用品而非梳理用品。金梳背的制作综合运用了掐丝工艺和金珠焊缀等特种工艺，充分体现了唐代金银精细加工的水平。

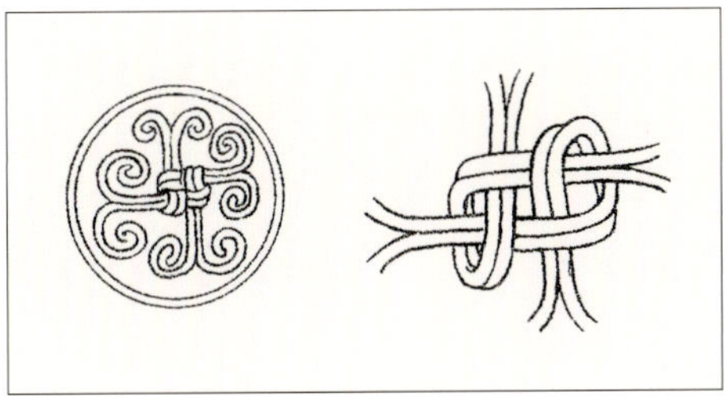

线图

011

金臂钏

七一227
长18厘米　宽0.45—1.68厘米
重33克

锤揲成型。中间宽，逐渐向两头变窄收成直径0.9毫米的金丝后，并绕三层成环首，再向后缠绕14圈，两端形成约2厘米的长度后收口。使用时可根据手腕的粗细调节开口大小。

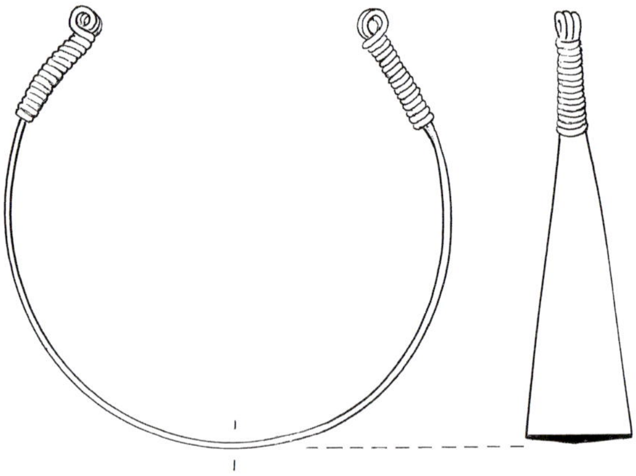

线图

012

竹节形金手镯

七一225
直径0.8厘米　长19厘米
重111克

由两节竹子形状的金条弯曲而成，中空，出土时已变形。

013

金钗

七一228、231、233、236
长8.1—24.7厘米　宽1.2—1.4厘米

共出土4件。形制基本相同，均双股，只是钗头有所不同，其中一件钗头鼓起似云头（七一233），另外三件均为普通拱形钗头。主要用于固定发髻，也有装饰的作用。其具体使用，有严格的等级限定。

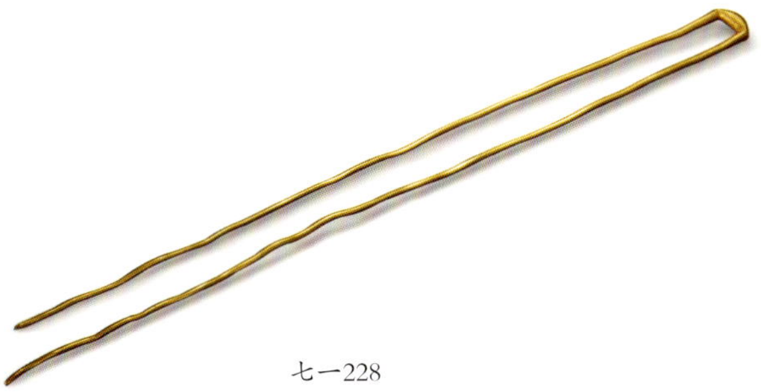
七一228

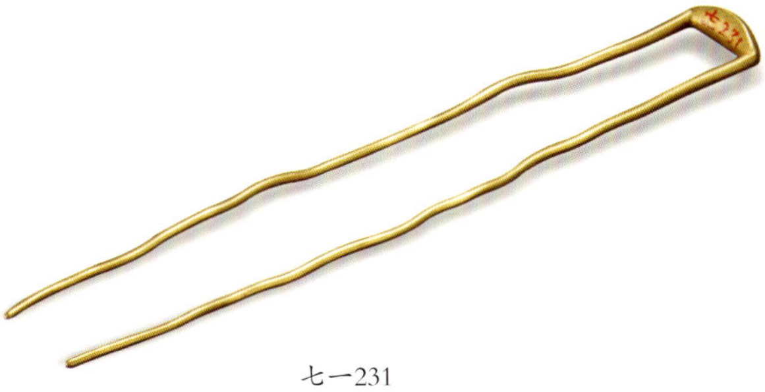
七一231

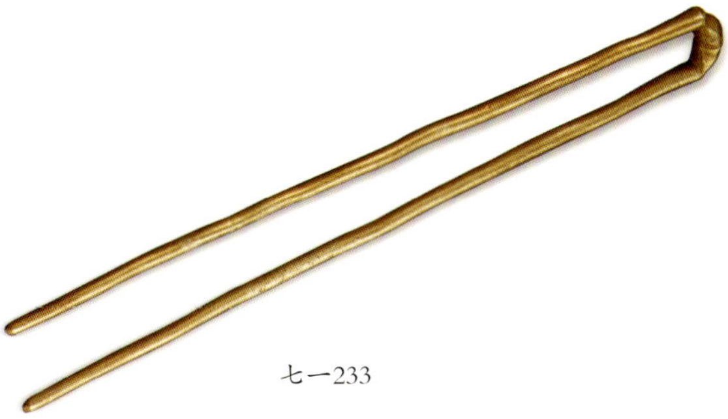
七一233

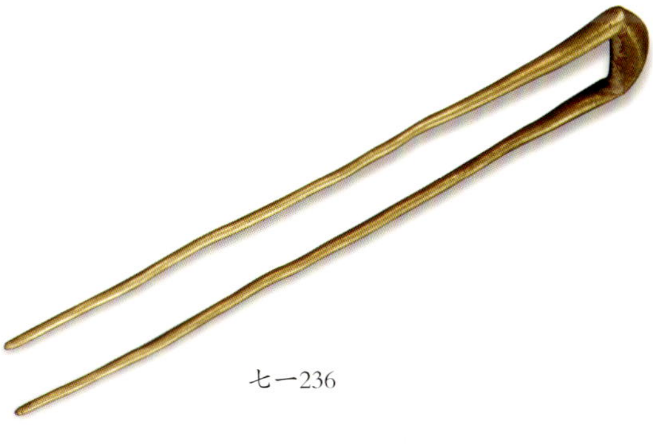
七一236

014

金走龙

七一287—292

高2.1—2.7厘米　长4.1—4.3厘米

重4克

共出土12件。均为四足站立状，长吻细颈，颈部弯曲呈S形，尾部由粗而细，尾端简短有力地回勾。头顶的凹槽中焊接用细金条弯曲而成的双角，四肢与躯体也系焊接而成。须髯、齿状鬣毛、鳞片等细部均采用錾刻手法刻画。因系手工打制，金龙身姿和步态都略有不同，身上均没有任何安插装配的结构。所以每一件都应是独立使用的。有学者认为，金走龙是道教投龙仪式中所用的法器。现存6条，另6条被盗，至今尚未破案。

七一289线图

七一291线图

七一287

七一288

七一289

七一290

七一291

七一292

金走龙组合照

015

金箔

七一420
长17.5厘米　宽8厘米
重4388克

出土时为卷装的四包。金箔是经过冶炼提纯、千万次锤打后形成的金片，薄厚不一，薄者厚度不足0.1毫米。唐人认为黄金（熟金）百炼不消、埋之不朽，服食之可以延年益寿，成仙不死。因此，唐代金箔除用于鎏金、贴金、金银平脱器物的制作外，也用于服食。在炼丹方面，也常用金箔包裹朱砂。据《通典》记载，唐代前期地方常贡统计，药材类数量达123种，排在各类物品之首，其中就有『金薄（箔）黄屑』。

016

麸金

重 126 克

麸金是从沙土中淘拣出来的金屑，因形似麦麸而得名。出土时盛放在素面金盒（七一223）内，素面金盒又与大粒光明砂、1 副白玛瑙铰具、12 枚金钗金钏一同盛放在一大银盒（七一222）内。银盒盖内壁墨书有详细记录：『大粒光明砂一大斤』『白马脑铰具一十五事失玦』『真黄钱卅』『黄小合子一六两一分内有麸三两强』『钗钏十二枚共七两一分』。麸金除了作为金料提炼，也作为服食药物。唐《新修本草》卷四：金屑，味『辛平有毒』，主『镇精神，坚骨髓……服之神仙』。但金屑属生金，需炼熟后使用，并讲究以金箔用药或以水煎金器取汁用之。此外，素面金盒中放有麸金，又与金臂钏、金钗、金镯等女性首饰一同置于大银盒之中，显示麸金的用途也许与女性有关。

贰

银质类器物

何家村窖藏共出土银质类器物 246 件，是除钱币以外数量最多的器物，其中尤以碗、盘、杯、盒等饮食器和药具最为重要。其种类繁多、数量巨大，反映了当时金银器的使用盛况；其绚丽多彩的装饰纹样，再现了多姿多彩的唐代社会生活；普遍浑圆饱满的造型，体现了唐代昂扬自信的精神风貌，精湛的制作工艺，体现了唐代发达的科技文明；而对外来纹样的大量吸收和改造，则体现了唐人在成熟开放心态下所具有的创新精神。唐代金银器虽然以实用的面目出现，但其内涵却早已超越了实用范畴，成为唐代乃至中国古代众多工艺品中将实用价值与艺术追求、精神弘扬以及科技进步完美结合的典范。

017

葡萄龙凤纹银碗

七一38

高 4.9 厘米　口径 12.8 厘米　足径 7 厘米

重 158 克

圆口，口沿内有一圈圆形凸棱，壁较直，腹底弧度较大，器底部略内收上鼓，喇叭形矮圈足。外壁通体錾刻纹饰，足心刻有一条飞跃的蟠龙，旁衬流云。外腹由葡萄纹环绕出六个单元，内有三只鹦鹉和三头奔狮，余白填布细密的鱼子纹。器内壁光素，仅在底心刻一只足踏卷草的飞凤。圈足上饰莲瓣纹。

银碗内底刻飞凤，外底刻飞龙，应是帝王使用的物品。有学者研究认为，银碗的制作年代在七世纪后半叶，恰与武则天执政时期相当，因此，该银碗或与武则天有关。

内壁

外壁

线图

018

鎏金双鱼纹银碗

其一（七一131）
高 2.7 厘米　口径 11.6 厘米　重 122 克
其二（七一132）
高 2.9 厘米　口径 11.5 厘米

共出土 2 件，形制、大小相仿。侈口，浅弧形腹，圜底，一碗圈足脱落。碗内底心为模压的高浮雕双鱼纹圆形装饰，细部錾刻，纹饰鎏金。纹样对应的碗底背面内凹。双鱼头尾相接，一正视一侧视，大头、阔嘴，有两根长须。身上有云朵状斑纹。鱼身边环绕几枝花叶纹。除碗底中心的圆形构图外，其余部分光素。碗腹部内外壁有密集的平行线状细纹，当为旋切打光留下的痕迹。其中一件（七一132）现存中国国家博物馆。

七一132

七一131

七一131外壁

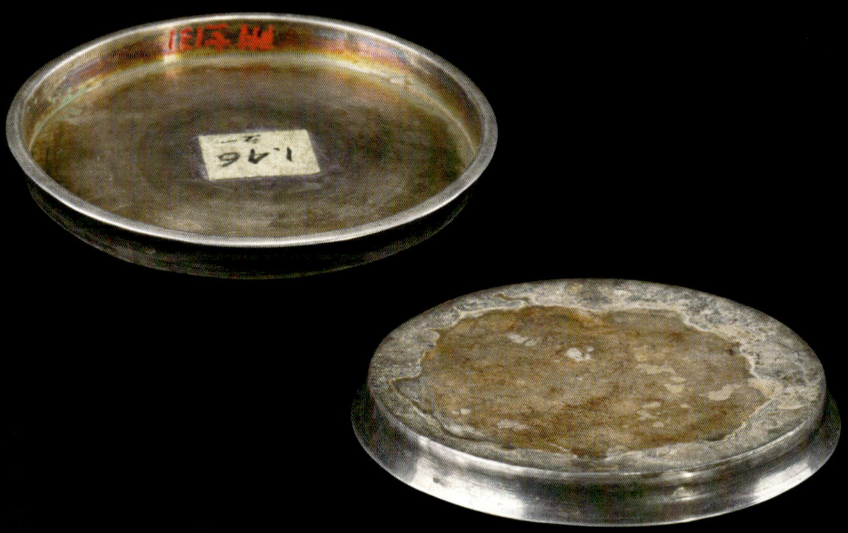

七一131圈足

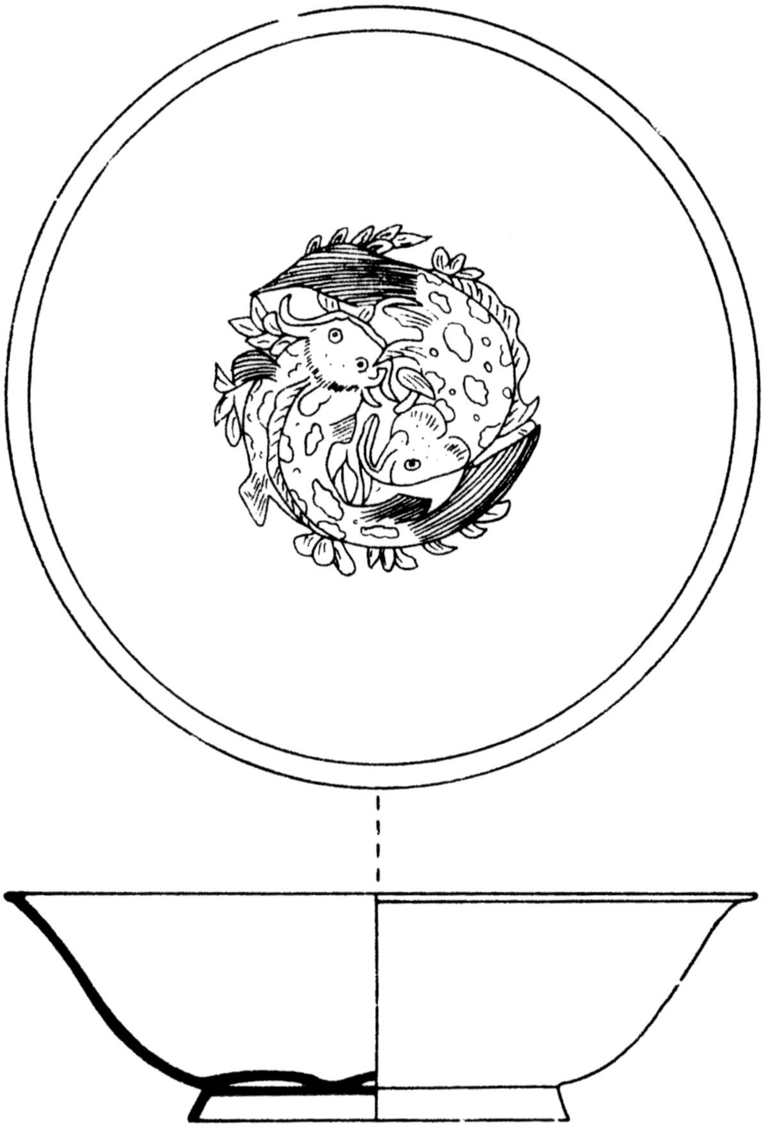

线图

019

鎏金双狮纹银碗

其一（七一210）
高3.5厘米 口径12.5厘米 壁厚约0.2厘米 重201克
其二（七一211）
高3.5厘米 口径12.7厘米

共出土2件。形制、大小相仿。侈口，卷沿外翻，弧形腹，圜底。器壁外锤錾有十朵相连的三出云曲纹，线条粗重有力，透印到内壁上。碗内底心焊有一高浮雕装饰圆片，使器物形成双层底。碗底图案采用对称布局，中间是口衔花枝的双狮，底纹是细密的鱼子纹地。外框是一周绳索纹，为萨珊银器中惯用的『徽章式纹样』；再外是一圈海浪纹。其中一碗（七一211）内底装饰圆片脱落遗失。碗内底心焊有一块高浮雕的装饰圆片，使器物形成双层底，这种技法早在三世纪时便流行于西亚地区。唐代部分金银器中的双层底技法，很可能来自上述地区。这件银碗既借鉴了西方银器的制作技法和装饰纹样，又有着已经本土化的狮形图案和中国传统图案中常用的对称布局法，是一件中西合璧的艺术精品。

七一210

七一210内壁

七一210外壁

七一210线图

七一211

020

鎏金海兽水波纹银碗

七一216

高 3.6 厘米 口径 11.2 厘米 足径 5.3 厘米 重 152 克

侈口，弧形腹，器壁由水波纹分成十四曲，内壁光素无纹，外壁每一曲均独立构图。内容分为两种：一种是一枝由下向上蔓延的阔叶卷草；另一种是散点分布的萱草和山峰奇石，间饰鹿、羊、狐、兔和戴胜鸟等。碗内底心有一高浮雕装饰片，中心为一只仰面的海兽，两侧为两只戏水的鸳鸯，底纹为翻卷的海浪。圈足内底有由莲叶石榴形忍冬连接而成的八出团花一朵。足沿饰 12 朵流云。

多曲或多瓣碗不是中国传统器物的造型，它们常见于六至七世纪的粟特金银器中。而在器体刻画或锤揲出起伏的多曲瓣形装饰，早在公元前六世纪末五世纪初的地中海东北部和波斯帝国内就已流行，其渊源可能是希腊建筑石柱上带凹槽折棱的做法在银器造型上的运用。这件银碗的造型及制作工艺均接受了来自西方的影响，而装饰题材却有着明显的中国特色，反映了唐人对外来文化所持的开放、包容心态，同时也反映了唐代中外文化的融合过程。

内壁

外壁

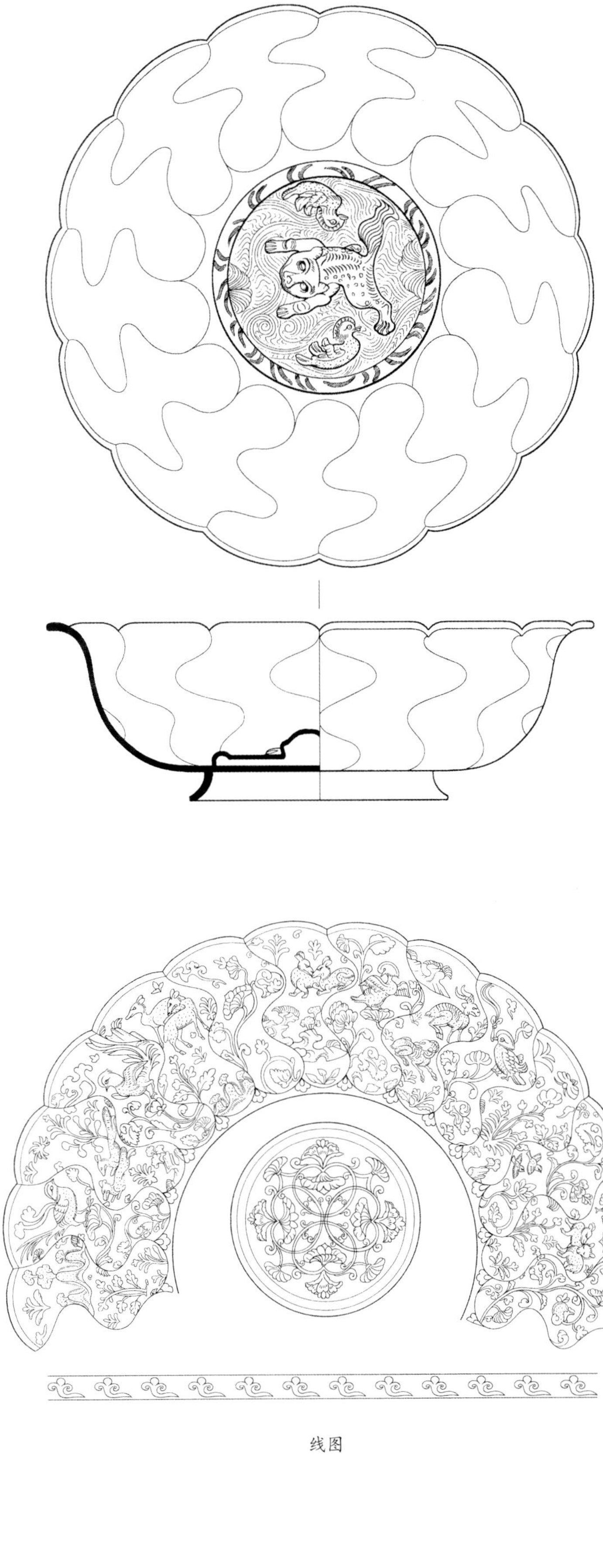

线图

鎏金花鸟纹银碗

其一（七一122）

高3.3厘米　口径10.3厘米　重136克

其二（七一123）

高3厘米　口径10厘米　重130克

共出土2件，大小、纹饰及布局相近，均浅腹，圜底，腹壁较直。碗内壁饰阔叶折枝大花四株并衬以流云，外壁饰忍冬石榴卷草五组，花枝间錾刻各具姿态的鸳鸯、鸿雁、鸷鸟和鹦鹉各一只，尤以一只昂首奔走的鸷鸟为少见。内外底各饰一朵宝相花，角隅饰流云，除口沿一周，其余空白处通饰鱼子纹地。

七一123腹部

七一123内壁

七一122

七一122内壁

七一122外壁

线图

— 022 —

鎏金小簇花纹银盖碗

七一62
高 9.5 厘米　口径 21.8 厘米　盖捉手径 12.8 厘米
盖口径 22.7 厘米　足径 12 厘米　口沿厚 0.26 厘米
重 1220 克

侈口，圈足，盖沿下折一周成子母口，平錾花纹，纹饰鎏金。盖顶錾阔叶六出团花一朵，盖周有散点配置的向心式小簇花，底与盖足饰六朵小花，碗内底墨书『卌两并盖』，盖内墨书『卌两并底』，底足内沿錾刻『卌两三分』，盖圈足内沿錾刻『卌两一分』字样。碗盖与碗体扣合不紧密，且錾文重量不一，说明器盖与碗可能不是一套，应有另外一套与之相匹配。

西安何家村唐代窖藏文物集成
082
A Collection of Tang Cultural Relics Unearthed from Hejiacun Hoard in Xi'an City

盖内墨书

内底墨书

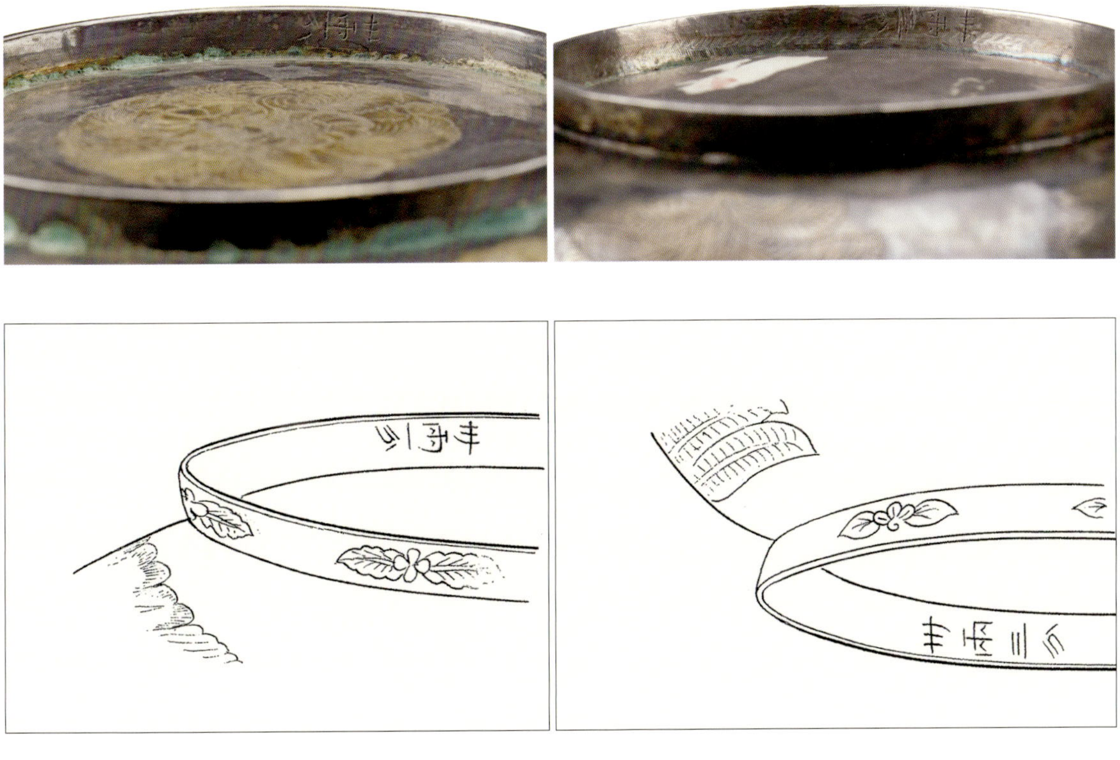

盖与圈足内的錾刻文字

线图

023

鎏金折枝花纹银盖碗

七一63

高 9.5 厘米　口径 21.8 厘米　口沿厚 0.15 厘米

盖手捉径 11.7 厘米　盖口径 22.1 厘米　足径 12.2 厘米

重 1380 克

侈口，深腹，喇叭形圈足，盖足内有莲叶组成的六出团花一朵，盖周散点排列桃形忍冬花结六朵，腹部刻折枝串花六株，串花形似葡萄石榴。盖足及底部外沿均有小花六朵，花纹平錾，纹饰鎏金。盖内有『二斤一两并底』墨书，碗内底有『二斤一两并盖』墨书，与现今实测重量相同。圈足内沿錾刻『进』字。

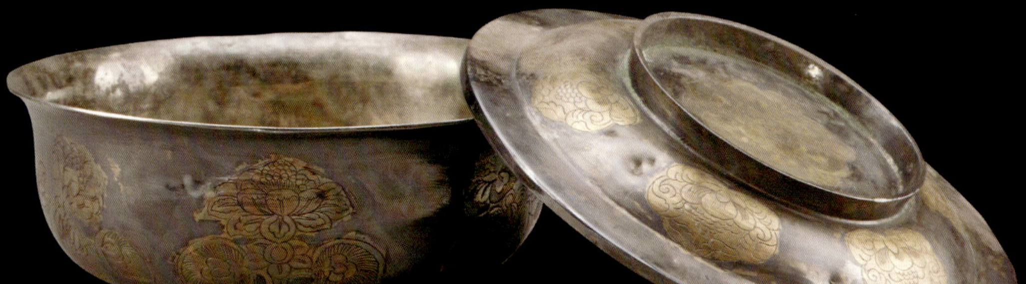

盖内墨书

内底墨书

圈足内沿錾刻文字“进”

线图

024

鎏金折枝团花纹银盖碗

七一64

高 11.8 厘米　口径 21.6 厘米　重 1421 克

侈口，圈足，盖沿下折一周成子母口。盖顶饰团花一朵，盖周有散点配置的六朵折枝团花，腹壁一周饰六朵折枝团花。碗内底墨书『二斤二两并盖』，盖内墨书『二斤二两并底』。

何家村窖藏出土的鎏金折枝团花纹银盖碗、鎏金小簇花纹银盖碗、鎏金折枝花纹银盖碗，唐人在墨书记录时，全部后附『并盖』之语。巧合的是，姚汝能《安禄山事迹》中所记唐代金银带盖器皿有『大银魁二并盖』、于邵《谢赐银器及匹帛等表》中也有『银碗一并盖』之语，说明这是唐代政府金银器管理的一种表述习惯。

盖面

内底墨书

盖内墨书

025

素面卵形银碗

共一（七一214）

口径 11.6 厘米　高 3.8 厘米　重 214 克

共二（七一215）

口径 11.7 厘米　高 4 厘米　重 215 克

共出土 2 件，形制、大小相仿。碗体略呈椭圆形，侈口，卷沿，尖唇，曲腹，圜底，喇叭形矮圈足。器壁厚重，造型丰腴饱满，通体光素无纹饰。

七一214

七一215

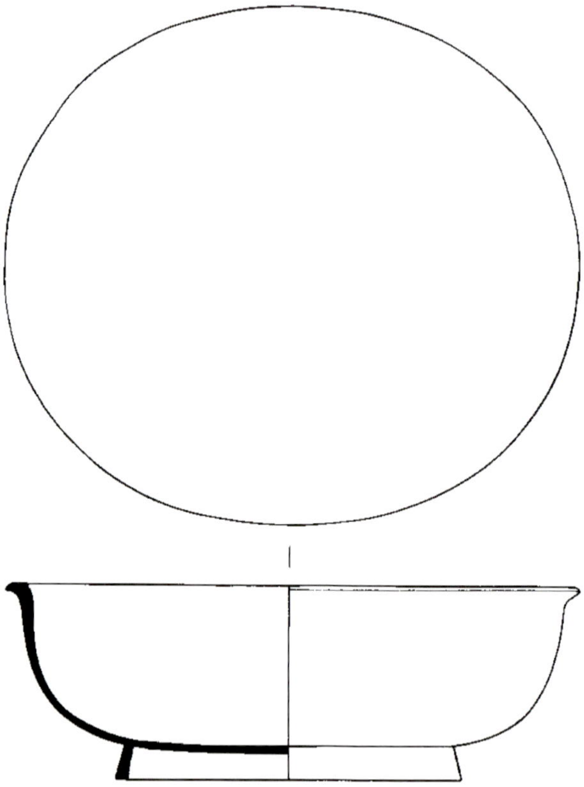

线图

026

『七两三分』折腹银碗

其一（七一175）
高6.7厘米　口径15.6厘米　重318克
其二（七一172）
高6.3厘米　口径16.5厘米　重322克
其三（七一171）
高6.7厘米　口径16.1厘米　重318克

共出土3件，形制、大小相仿。敞口，外腹部有凸折棱一周，内腹部对应处为凹弦一周，喇叭形矮圈足与器体焊接在一起，通体光素。碗内底墨书『七两三分』四字。

七一175

七一172

七一171

027

『七两半』折腹银碗

七一173

高 6.6 厘米　口径 15.9 厘米　重 312 克

敞口，外腹部有凸折棱一周，内腹部对应处为凹弦一周，外底焊接喇叭形矮圈足，通体光素。碗内底墨书『七两半』三字。

— 028 —

『八两』折腹银碗

七一176

高6.3厘米　口径16厘米　重320克

敞口，外腹部有凸折棱一周，内腹部对应处为凹弦一周，外底焊接喇叭形矮圈足，通体光素。碗内底墨书『八两』二字。

029

『八两□』折腹银碗

七一174

高 6.9 厘米　口径 16 厘米　重 322 克

敞口，外腹部有凸折棱一周，内腹部对应处为凹弦一周，外底焊接喇叭形矮圈足，通体光素。碗内底墨书『八两□』三字。

『（八）两一分』折腹银碗

七一170

高 6.1 厘米　口径 16.7 厘米　重 343 克

敞口，外腹部有凸折棱一周，内腹部对应处为凹弦一周，外底焊接喇叭形矮圈足，通体光素。碗内底墨书『（八）两一分』四字。

031

『八两一分』折腹银碗

七一178

高 6.7 厘米　口径 16.1 厘米　重 343 克

敞口，外腹部有凸折棱一周，内腹部对应处为凹弦一周，外底焊接喇叭形矮圈足，通体光素。碗内底墨书『八两一分』四字。

032

『八两二分』折腹银碗

七一180

高6.1厘米　口径15.7厘米　重345克

敞口，外腹部有凸折棱一周，内腹部对应处为凹弦一周，外底焊接喇叭形矮圈足，通体光素。碗内底墨书『八两二分』四字。

033

『八两三分』折腹银碗

七一182

高 6.7 厘米　口径 16 厘米　重 354 克

敞口，外腹部有凸折棱一周，内腹部对应处为凹弦一周，外底焊接喇叭形矮圈足，通体光素。碗内底墨书『八两三分』四字。

034

『八两半』折腹银碗

七一179

高6.4厘米　口径16厘米　重355克

敞口，外腹部有凸折棱一周，内腹部对应处为凹弦一周，外底焊接喇叭形矮圈足，通体光素。碗内底墨书『八两半』三字。

035

『□两半』折腹银碗

七一181

高 6.1 厘米　口径 16.2 厘米　重 296 克

敞口，外腹部有凸折棱一周，内腹部对应处为凹弦一周，外底焊接喇叭形矮圈足，通体光素。碗内底墨书『□两半』三字。

036

『九两』折腹银碗

七一177

高6.5厘米　口径15.8厘米　重359克

敞口，外腹部有凸折棱一周，内腹部对应处为凹弦一周，外底焊接喇叭形矮圈足，通体光素。碗内底墨书『九两』二字。

037

『十两』折腹银碗

七一183

高6厘米　口径16.9厘米　重389克

敞口，外腹部有凸折棱一周，内腹部对应处为凹弦一周，外底焊接喇叭形矮圈足，通体光素。碗内底墨书『十两』二字。

038

『十一两强』折腹银碗

七一185

高 6.6 厘米　口径 17.2 厘米　重 457 克

敞口，外腹部有凸折棱一周，内腹部对应处为凹弦一周，外底焊接喇叭形矮圈足，通体光素。碗内底墨书『十一两强』四字。

039

『十一两一分强』折腹银碗

七一15

高 7.5 厘米　口径 18 厘米

敞口，外腹部有凸折棱一周，内腹部对应处为凹弦一周，外底焊接喇叭形矮圈足，通体光素。碗内底墨书『十一两一分强』六字。现存中国国家博物馆。

040

『十二两』折腹银碗

七一20

高 7.5 厘米　口径 17 厘米　重 496 克

敞口，外腹部有凸折棱一周，内腹部对应处为凹弦一周，外底焊接喇叭形矮圈足，通体光素。碗内底墨书『十二两』三字。

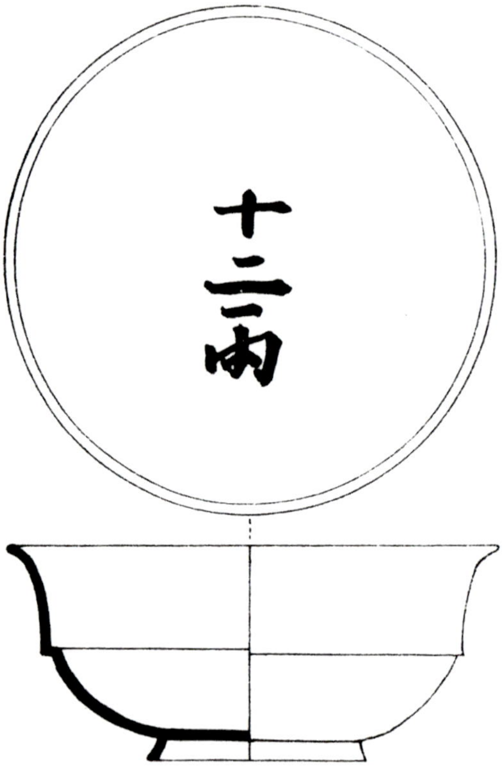

线图

041

『十二两一分』折腹银碗

其一（七一18）

高7.5厘米　口径16.7厘米　重491克

其二（七一184）

高7.6厘米　口径17厘米　重504克

共出土2件，形制、大小相仿。敞口，外腹部有凸折棱一周，内腹部对应处为凹弦一周，外底焊接喇叭形矮圈足，通体光素。碗内底墨书『十二两一分』五字。

七一18内底墨书

七一184内底墨书

042

『十二两半』折腹银碗

七一19

高 7.7 厘米　口径 17 厘米　重 503 克

敞口，外腹部有凸折棱一周，内腹部对应处为凹弦一周，外底焊接喇叭形矮圈足，通体光素。碗内底墨书『十二两半』四字。

043

『十三两软』折腹银碗

七一10

高 8.2 厘米　口径 18.6 厘米　重 520 克

敞口，外腹部有凸折棱一周，内腹部对应处为凹弦一周，外底焊接喇叭形矮圈足，通体光素。碗内底墨书『十三两软』四字，外底刻有『王珪』二字。

内底

外底

044

『十三两三分』弧腹银碗

七一五

高 7.9 厘米　口径 18.4 厘米　重 555 克

敞口，弧腹，喇叭形矮圈足，通体光素。碗内底墨书『十三两三分』五字。

045

『十四两半钦』折腹银碗

七一8

高 7.1 厘米　口径 19 厘米　重 580 克

敞口，外腹部有凸折棱一周，内腹部对应处为凹弦一周，外底焊接喇叭形矮圈足，通体光素。碗底面依稀可辨出同心螺旋纹，应是打磨留下的痕迹。碗内底墨书『十四两半钦』五字。

『十四两三分』银碗

七一一

高 7.6 厘米　口径 19 厘米　重 615 克

敞口，外腹部有凸折棱一周，内腹部对应处为凹弦一周，外底焊接喇叭形矮圈足，通体光素。碗内底墨书『十四两三分』五字。

047

『十四两三分』弧腹银碗

七一16

高 7.3 厘米　口径 18.4 厘米　重 614 克

敞口，弧腹，喇叭形矮圈足，通体光素。碗内底墨书『十四两三分』五字。

048

『十四两三分强』折腹银碗

七一168

高7.2厘米　口径18.8厘米　重610克

敞口，外腹部有凸折棱一周，内腹部对应处为凹弦一周，外底焊接喇叭形矮圈足，通体光素。碗内底墨书『十四两三分强』六字。

049

『十四两半』折腹银碗

七一3

高 7.5 厘米　口径 18 厘米　重 589 克

敞口，外腹部有凸折棱一周，内腹部对应处为凹弦一周，外底焊接喇叭形矮圈足，通体光素。碗底面依稀可辨出同心螺旋纹，应是打磨留下的痕迹。碗内底墨书『十四两半』四字。

050

『十四两半』弧腹银碗

七一17

高 7.3 厘米　口径 18.4 厘米　重 584 克

敞口，弧腹，喇叭形矮圈足，通体光素。碗内底墨书『十四两半』四字。

051

『十五两』折腹银碗

其一（七一1）
高 8.5 厘米　口径 18.8 厘米　重 646 克

其二（七一4）
高 8.2 厘米　口径 20 厘米　重 579 克

其三（七一7）
高 7.5 厘米　口径 18.7 厘米　重 604 克

共出土 3 件。形制相同。敞口，外腹部有凸折棱一周，内腹部对应处为凹弦一周，外底焊接喇叭形矮圈足，通体光素。碗底面依稀可辨出同心螺旋纹，应是打磨留下的痕迹。碗内底墨书『十五两』三字。

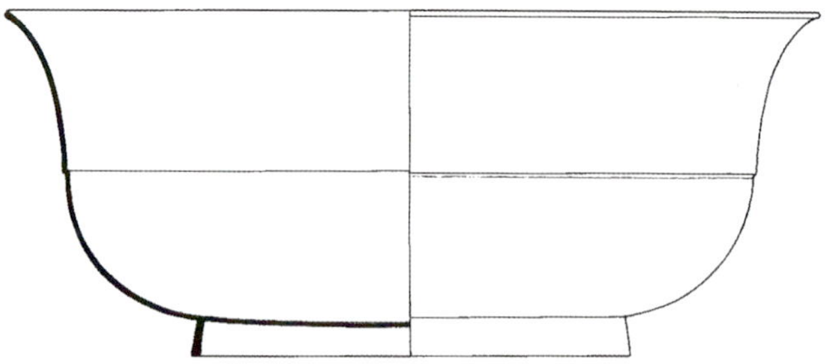

七一1

七一1内壁墨书

七一4内壁墨书

七一7内壁墨书

052

『十五两强』折腹银碗

七一9

高 7.8 厘米　口径 18.9 厘米　重 625 克

敞口，外腹部有凸折棱一周，内腹部对应处为凹弦一周，外底焊接喇叭形矮圈足，通体光素。碗内底墨书『十五两强』四字。

053

『十五两一分』折腹银碗

其一（七一2）
高 7.6 厘米　口径 18.8 厘米　重 615 克

其二（七一6）
高 7.6 厘米　口径 19 厘米　重 620 克

其三（七一12）
高 8.2 厘米　口径 20 厘米　重 612 克

其四（七一13）
高 7.5 厘米　口径 18.7 厘米　重 613 克

其五（七一14）
高 7 厘米　口径 18.7 厘米　重 623 克

共出土 5 件，形制、大小相仿。敞口，外腹部有凸折棱一周，内腹部对应处为凹弦一周，外底焊接喇叭形矮圈足，通体光素。碗底面依稀可辨出同心螺旋纹，应是打磨留下的痕迹。碗内底墨书『十五两一分』五字。

七一2

七一6内底墨书

七一12内底墨书

七一13内底墨书

七一14内底墨书

054

『十五两三分』折腹银碗

其一（七一166）

高 7.4 厘米　口径 19 厘米　重 618 克

其二（七一167）

高 7.4 厘米　口径 19 厘米　重 640 克

敞口，外腹部有凸折棱一周，内腹部对应处为凹弦一周，外底焊接喇叭形矮圈足，通体光素。碗内底墨书『十五两三分』五字。

七一166

七一167

055

『十五两半软少』折腹银碗

七一164
高 7.6 厘米　口径 19.2 厘米　重 651 克

敞口，外腹部有凸折棱一周，内腹部对应处为凹弦一周，外底焊接喇叭形矮圈足，通体光素。碗内底墨书『十五两半软少』六字。

056

『十五两半』折腹银碗

七一165

高 7.7 厘米　口径 19.5 厘米　重 630 克

敞口，外腹部有凸折棱一周，内腹部对应处为凹弦一周，外底焊接喇叭形矮圈足，通体光素。碗内底墨书『十五两半』四字。

057

『十五两半强』折腹银碗

七一169

高7.7厘米　口径19.6厘米　重650克

敞口，外腹部有凸折棱一周，内腹部对应处为凹弦一周，外底焊接喇叭形矮圈足，通体光素。碗内底墨书『十五两半强』五字。

线图

058

素面折腹银碗

其一（七一24）
高6.5厘米　口径15.9厘米

其二（七一34）
高4.5厘米　口径11.5厘米　重140克

其三（七一35）
高4.5厘米　口径11.5厘米　重148克

其四（七一69）
高7.9厘米　口径20厘米

共出土4件，形制相同。敞口，外腹部有凸折棱一周，内腹部对应处为凹弦一周，外底焊接喇叭形矮圈足，通体光素。其中一碗（七一24）内腹壁鎏金。

七一24

七一34

七一35

七一69

059

素面弧腹银碗

其一（七一36）
高4厘米 口径12厘米 重152克

其二（七一37）
高4厘米 口径12厘米 重178克

敞口，弧腹，喇叭形矮圈足，通体光素。

七一36

七一37

060

素面折沿银碗

七一23
高2.2厘米 口径9.3厘米

敞口，弧腹，通体光素。

061

鎏金仕女狩猎纹八瓣银杯

七一213

高 5.4 厘米　口径 9.2 厘米　足径 4.2 厘米
圈足高 1.3 厘米　重 209 克

锤揲成型，平錾花纹。八曲葵口，口沿錾刻一周联珠纹，杯腹上部以柳叶条做界分为八瓣，下腹锤揲出内凹外凸的八瓣仰莲以承托杯身，每瓣内饰一朵忍冬花，近圈足处饰一周荷花。杯底焊接八棱形圈足，其上饰四组两两相应的莲瓣纹，足边錾刻一周联珠纹。在口沿下一侧焊接有多曲三角形指垫，指垫凸起的圆片上錾刻有一只鹿，圆片周围饰有简单的花枝。指垫下焊接环柄，环柄仅能容一手指，下端有勾尾。银杯的主体纹饰，分布在外壁的八瓣内。四幅男子狩猎图与四幅仕女游乐图相间排列。

唐代金银器中有为数不少的各种带把杯。带把杯并非中国传统器形，其造型当源自粟特地区。已知唐代带把杯，一部分系直接从粟特输入，另一部分是仿粟特器物制造的。也有不少器物，造型虽取自粟特器形，纹样却是典型的唐代本土风格，仕女狩猎纹八瓣银杯就是这类器物的代表。这件银杯集多种文化因素于一身，充分展示了唐代社会的开放和文化的多元性，以及外来文化与中国传统文化的相融。

内壁

外壁

线图

线图

— 062 —

伎乐纹八棱银杯

七|99
高 6.7 厘米　口径 7.2 厘米
足径 4.4 厘米　重 285 克

杯体铸造而成，杯身八个棱面的人物系单独铸造出来后再焊接，纹饰细部采用平錾手法加工。侈口，八棱体。腹部略有束腰，喇叭形圈足。足沿装饰有环状联珠纹。杯体一侧有大联珠环柄。柄上有指垫，上饰高鼻深目长髯的两个胡人头像。柄外侧饰有兽头。柄下出勾尾。八个棱面各装饰有一手执乐器的乐伎，外有高起的界栏，界栏上装饰有联珠纹。杯底錾刻石榴状忍冬花纹八朵。杯身内外有多处绿锈，应是以锡、铅、铜为主要成分的焊药日久腐蚀后出现的绿锈痕迹。此杯无论造型还是装饰风格都有着浓郁的粟特器物风格，极有可能是粟特工匠在中国制作的产品。

银杯外底

指垫正面

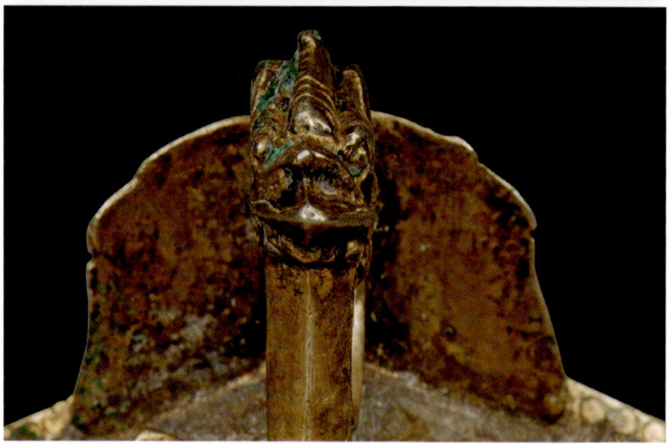

指垫背面

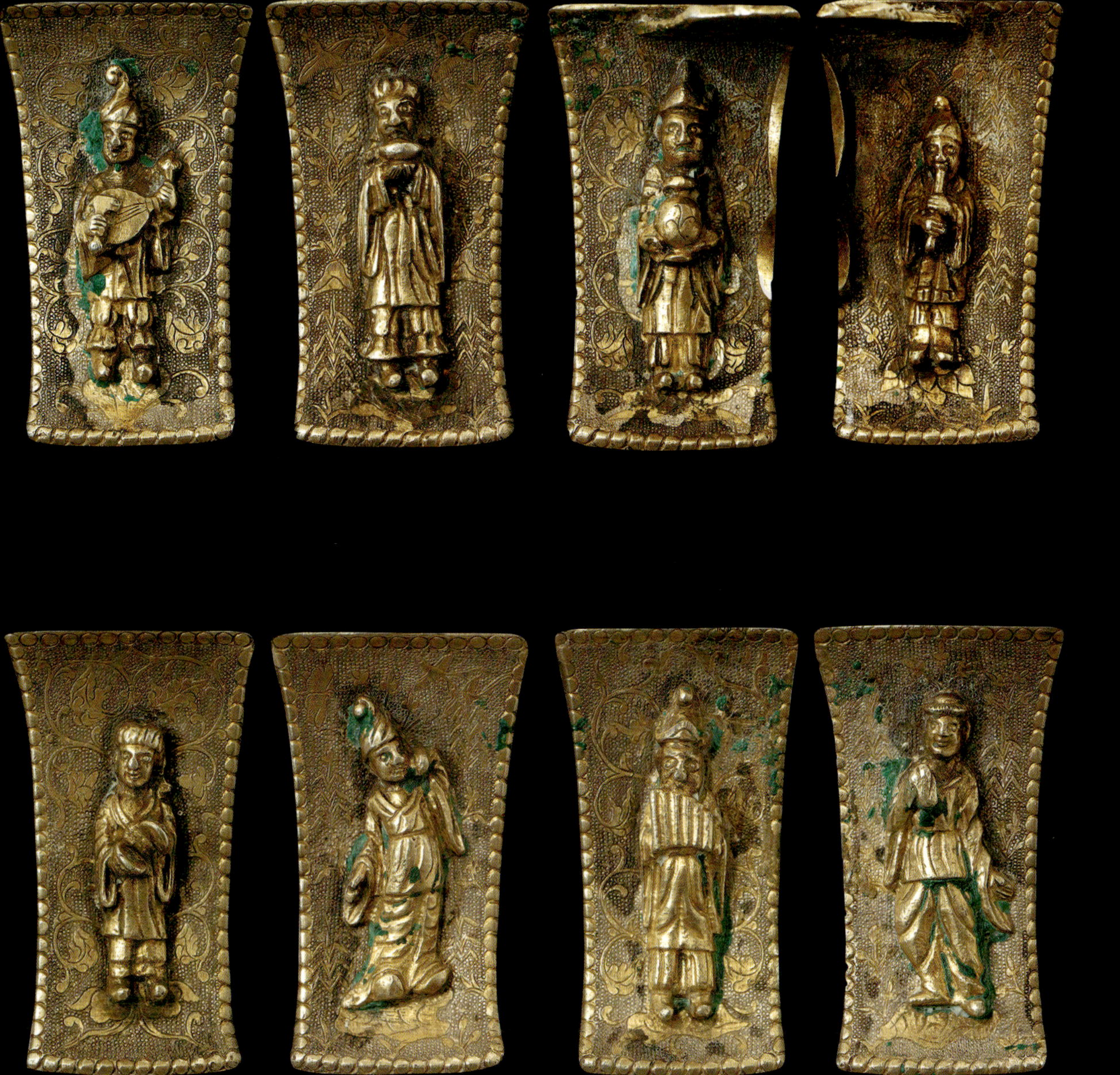

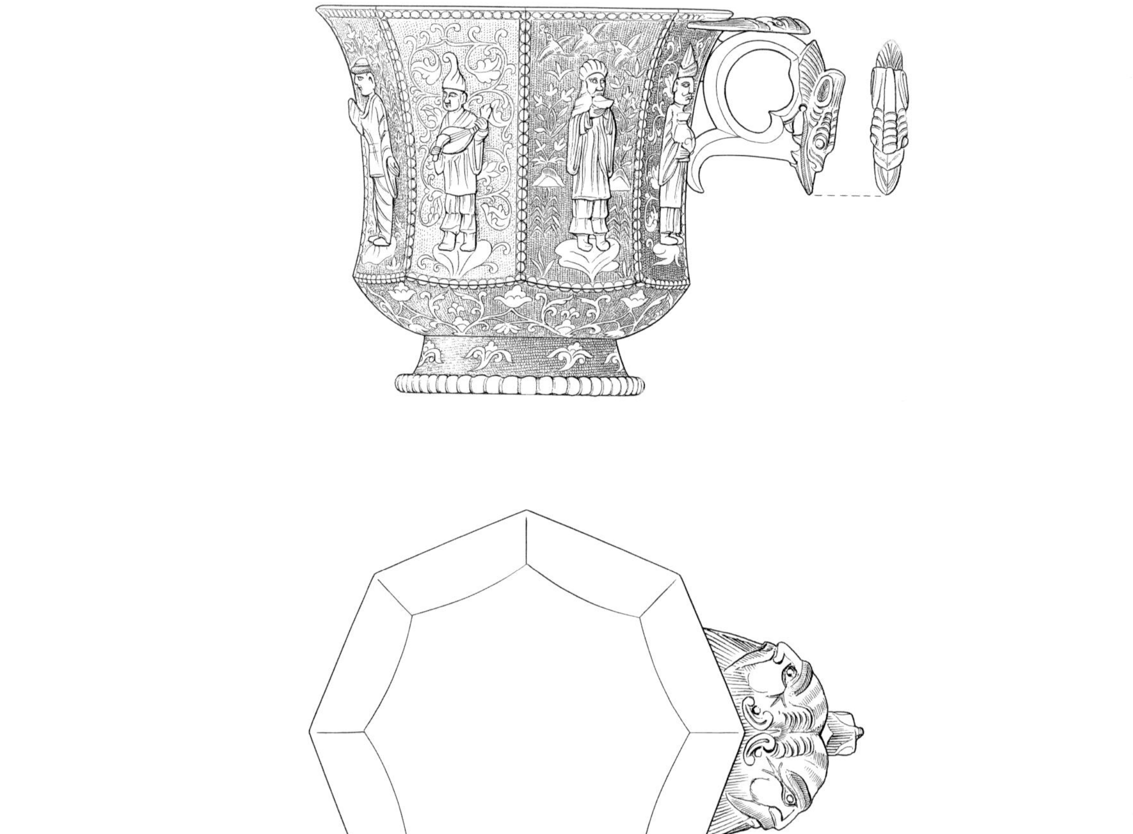

线图

063

素面高足银杯

七一60

通高8厘米　口径6.4厘米　重96克

侈口，圆唇，深腹，腹底部略向内斜收为小平底，平底下连接一小托盘，盘下为喇叭形高足，已脱落。托盘与喇叭形高足之间为铆接。杯口沿下有一周凸棱，高足中间有一圈突起的高棱。通体光素无纹。

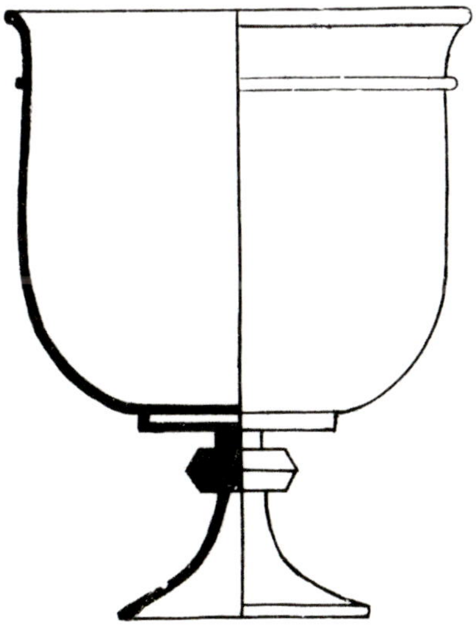

— 064 —

狩猎纹高足银杯

七一47

通高 7.1 厘米　口径 5.9 厘米

足径 3.4 厘米　重 100 克

锤揲而成，平錾花纹，通体以鱼子纹为地。侈口，圆唇，深腹，腹底部略向内斜收为小平底，平底下连接一小平盘，盘下为喇叭形高足。杯口沿下有一周凸棱，高足中间有一圈突起的高棱。杯腹饰狩猎纹。口沿下及腹下部均为缠枝花纹。高足中部算盘珠式的结上錾刻一周联珠纹，下部的喇叭形底座表面饰四朵桃形花结。足底刻有『马舍』二字。

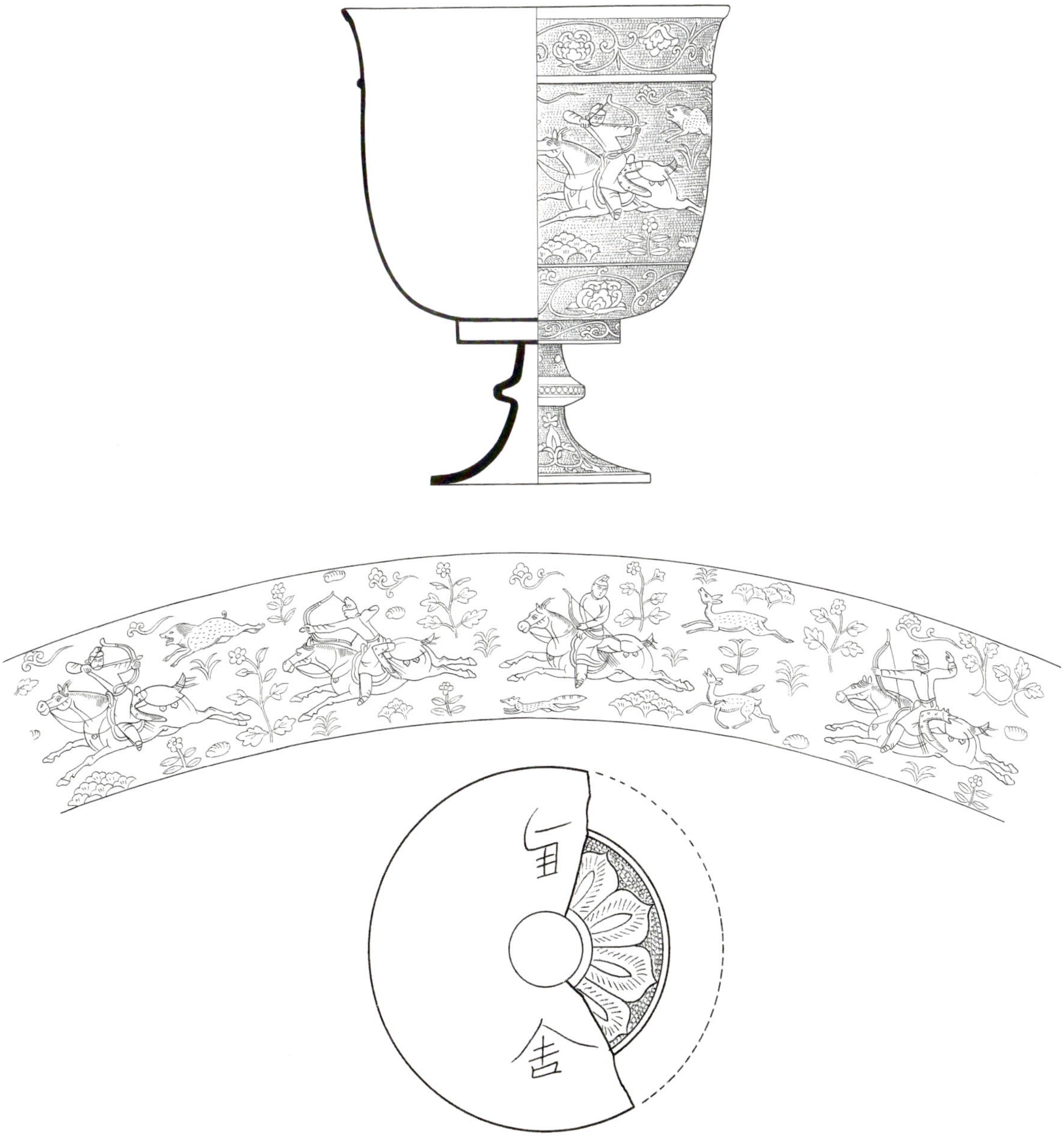

器物线图及足底铭文摹本

065

高足银杯杯座

附七一60

高 2.8 厘米　足径 3.4 厘米

重 24 克

杯座整体形制与狩猎纹高足银杯和素面高足银杯基本相同，分上、中、下三段。上端为承接杯身的托盘，中段为一圈突起的高棱，下端为喇叭形高足。托盘与喇叭形高足之间为铆接。原有杯身，但已脱落被盗。

066

线刻花鸟纹银杯

七一128
高5厘米　口径5厘米
重34克

侈口，窄沿，弧腹，平底。外腹有轻浅且不完整的花鸟图案，似为纹样加工之初的起稿线。

067

素面银杯

七一129

高5厘米　口径5厘米　重45克

侈口，厚窄沿，弧腹，平底。整体光素无纹。

068

银茶托

七一139

高1.5厘米　口径8.7厘米　重89克

锤揲而成，侈口，圈足，素面，内底有焊接上的圆环并有绿锈。

069

素面罐形带把银杯

其一（七一65）
高 9.7 厘米 口径 9 厘米 足径 7 厘米 重 391 克
其二（七一66）
高 10 厘米 口径 8.7 厘米 足径 7 厘米 重 395 克

共出土 2 件，造型相同。束颈，侈口，溜肩，腹部饱满圆鼓，下收为圜底，底接喇叭形圈足。其中一件圈足内墨书『九口口分』。另一件圈足内残留有半个『九』的墨痕。腹中部有环柄。在腹部及底部均留有旋切形成的等距离细线纹，底部的中心点清晰可见。根据其器形和环柄式样，这两件银杯应是从中亚直接传入的粟特银器。

七一65

七一66

银杯指垫

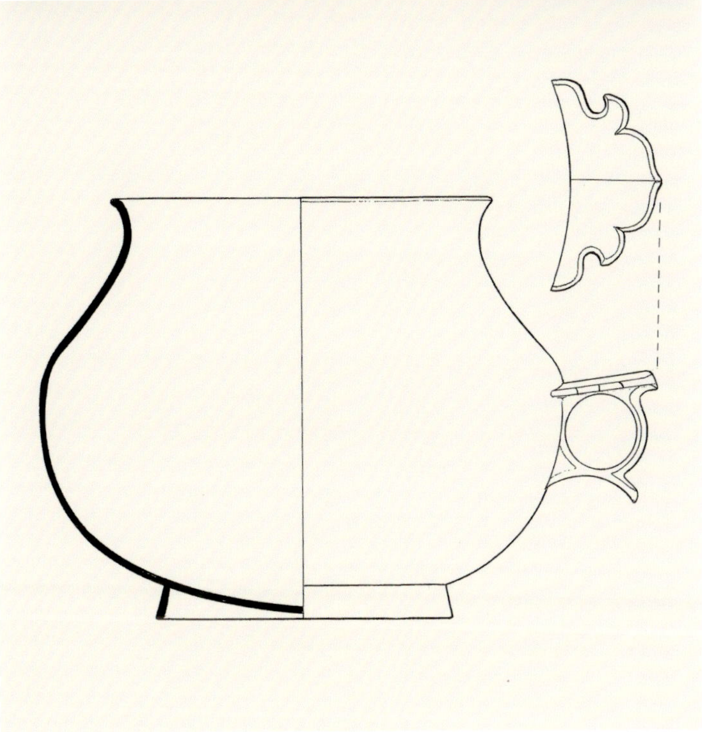
线图

一　鎏金蔓草花鸟纹银羽觞

共一（七一124）

高3.1厘米　口径7.5—10.6厘米　重145克

共一（七一125）

高3.2厘米　口径7.7—10.6厘米　重146克

锤揲成型，双耳与器体焊接，纹样錾刻。共出土2件，形制、大小、纹饰基本一样。均为椭圆形，长方形双耳，平底。器物内外满饰鱼子纹地。器内底心刻椭圆形蔷微式团花一朵，内壁饰折枝花4株，枝叶宽厚，花叶间饰流云纹。外壁两侧双耳下各饰一只鸿雁和站立于莲瓣之上的鸳鸯，两端各有莲座一个，分别站立着相对而立的鸳鸯和一对回首的鸿雁。双耳上錾刻小团花，四角点缀纹饰。

羽觞是中国古代的一种盛酒器具，外形椭圆，浅腹，平底，两侧有半月形双耳，有时也有饼形足或高足，亦称其为『耳杯』。羽觞出现于战国时期，盛行于汉代。唐代羽觞主要仿汉代漆器，唐以后罕见。这两件羽觞在工艺上采用鎏金錾花的方法制成。花纹装饰自然、流畅、活泼。花样取材广泛，并与花鸟纹有机结合在一起。花纹以满地装的艺术手法布满整个器物，加之刻花处鎏金，黄花白地，富丽堂皇，为典型的盛唐器物。

七一124腹壁

七一124内壁

七一124外壁

七一125腹壁

七一125内壁

七一125外壁

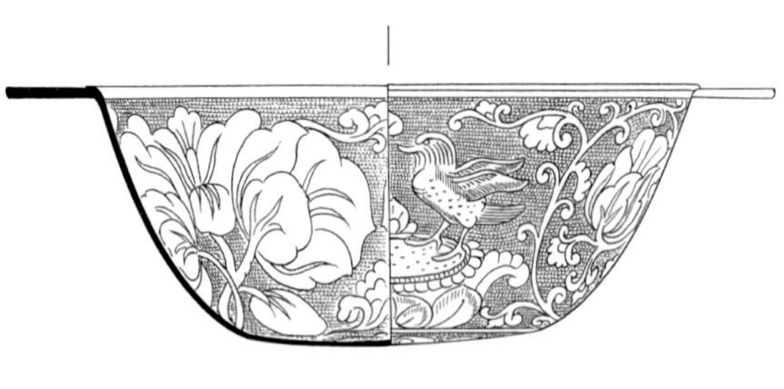

线图

071

鎏金鸳鸯纹银匜

七一22

高8.3厘米　口径19.8厘米　足径11.9厘米

流长6.7厘米　重806克

锤揲而成。整体为深腹碗形，侈口，曲腹，底部较平坦，外底焊接圈足，略微外撇。一侧口沿下有半圆形开口，焊接槽状短流，接口处细致紧密，精密度极度高。器壁光滑平整，抛光极佳，有润泽如玉的感觉；器壁外饰三组成对的鸳鸯、鸿雁图案和阔叶折枝花。内底残留墨书『□一两』。

匜是西周至春秋战国时期青铜器中常见的盥洗器皿。在唐代，匜除继续作为盥洗用具外，还被用作烹茶的辅助器具。目前全国已出土的唐代银匜共三件，其中两件出土于西安何家村窖藏，另一件出土于浙江临安水邱氏墓。何家村窖藏出土的两件银匜，形制、制作工艺完全相同，唯装饰纹样不同，可以断定为同一批工匠所作，制作年代大致在八世纪下半叶。其器体厚实，造型饱满庄重，在装饰上摆脱了早期烦琐细密的满装风格，手法富于写实，纹饰华美富丽，体现出典型的盛唐气象，并反映了唐代金银器进入成熟期的工艺水准。

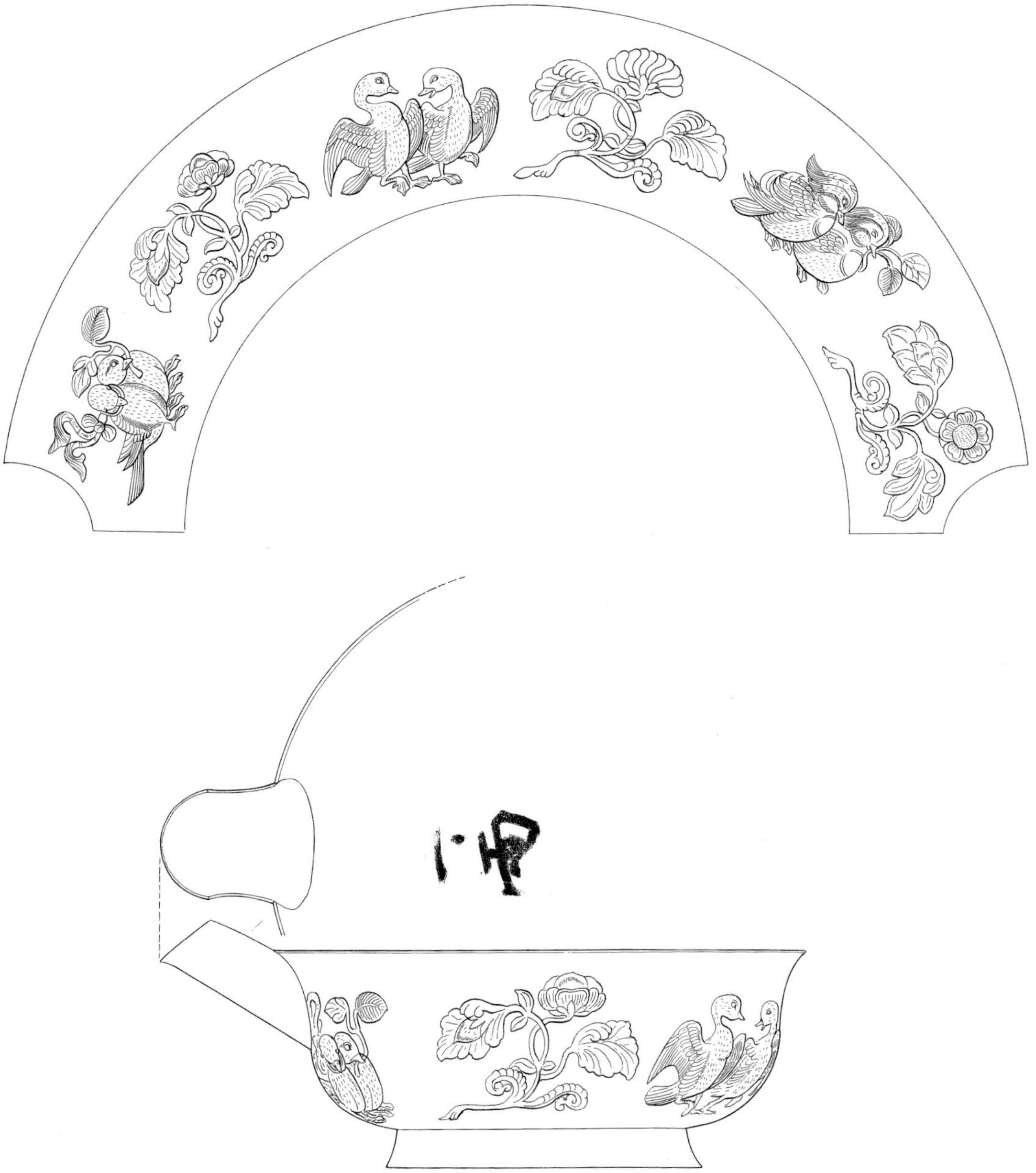

线图

072

鎏金鸿雁纹银匜

七一21

高8.4厘米　口径20.2厘米

足径11.9厘米　流长6厘米

重856克

锤揲而成。整体为深腹碗形，侈口，曲腹，底部较平坦，外底焊接圈足，略微外撇。一侧口沿下有半圆形开口，焊接槽状短流，接口处细致紧密，精密度极度高。器壁光滑平整，抛光极佳；器壁外饰两组口衔绶带的鸿雁与折枝花相间排列。内底有墨书『廿一两』三字。

线图

073

银匜流

七一140

长6.5厘米 宽3.8厘米 重48克

流口平直整齐，与匜身相接的一端呈弧曲形，弧度与匜身预留的凹槽形状完全吻合，并在两端做出倒角，使流与匜身正好牢固地卡合在一起。

074

鎏金舞马衔杯纹皮囊式银壶

七一48

通高 14.8 厘米　口径 2.3 厘米　底足径 7.2—8.9 厘米

腹径 9—11.1 厘米　重 549 克

壶身为扁圆形，上方一端开有竖筒状的小壶口，上置覆莲瓣式壶盖，盖顶铆有一银环，环内套接一条长 14 厘米的银链与弓状提梁相连。壶腹两面以模压的方法分别锤揲出两匹奋首鼓尾、衔杯匐拜的舞马形象。一匹舞马肌肉结实匀称，錾刻线条清晰流畅，而另一匹舞马略显臃肿，眼与眉骨不甚清晰，衔杯錾刻痕也不清晰，且周边凹陷，马的前下方还有一长 1.8 厘米、宽 1.5 厘米的磕痕，周围锈蚀严重。银壶出土时壶外底曾有墨书『十三两半』。银壶通体经抛光处理，纹饰鎏金。

西安何家村窖藏出土的带圈足器物，均为器身与底一次成型，圈足焊接。但此器在器底与圈足的制作上却有不同。由于焊料脱落，在壶底圈足内现可看到一条长 1 厘米、宽约 0.08 厘米的缝隙，由此可知，银壶是圈足与器身一次锤揲成型，再将壶底嵌在圈足内，然后焊接。

唐代盛行养马，以马为题材的器物在全国各地大量出土，但以舞马为题材的器物却极为少见。尤其是银壶上的舞马形象为今人再现了早已失传的唐代宫廷舞马祝寿娱乐活动的场景。此外，皮囊式壶是契丹文化的典型器物。契丹是我国北方的少数民族之一，有唐一代，它与唐王朝保持着密切的关系。这件舞马衔杯纹皮囊式银壶在唐都长安的出土，正是汉族和契丹等各民族人民文化交流的明证。

提梁局部

银壶盖内

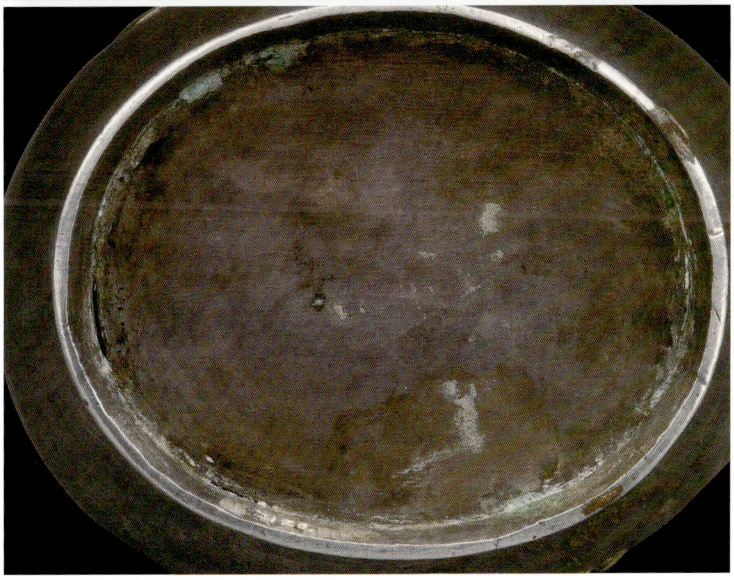
银壶底面

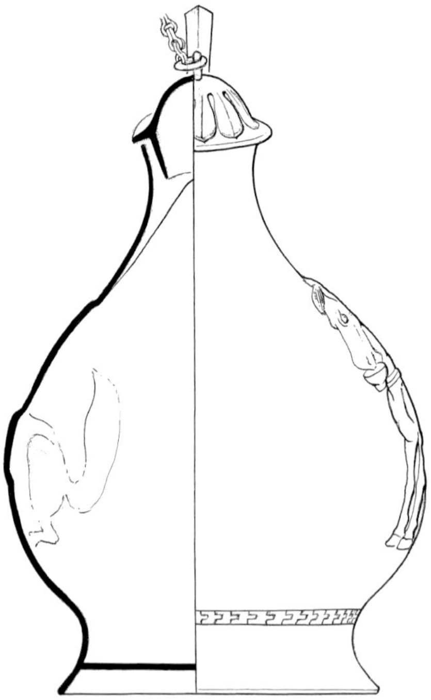

线图

075

素面银盆

其一（七一67）
高5.9厘米 口径24.8厘米 重780克
其二（七一68）
高5.7厘米 口径26.3厘米 重785克
其三（七一70）
高6.5厘米 口径29.4厘米 重1236克
其四（七一71）
高6.4厘米 口径29.7厘米 重1237克

共出土4件。形制相同，锤揲而成，素面，侈口，卷沿，浅弧腹，平底，内壁抛光。

七一67

七一68

七一70

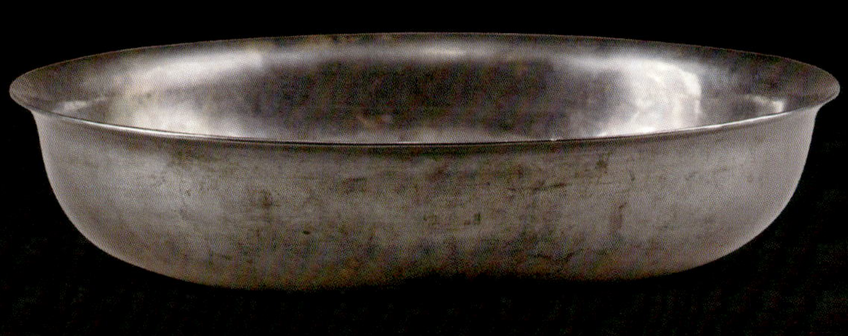

七一71

076

鎏金龟纹桃形银盘

七一42

高 1.1 厘米　径 12.3—12.7 厘米　重 146 克

桃形，浅腹，平底。窄平折沿，外沿圆润光滑。盘心模压一浅浮雕式的龟纹，细部用錾刻，纹饰鎏金。在纹样对应的背面盘底略内凹。

盘是唐代金银器中数量最多的器类之一，形制的变化也较大。与同时期中亚银盘较单纯的圆形不同，唐代银盘除了圆形盘以外，还有菱花形盘、葵花形盘、海棠形盘和各种仿植物形态的异形盘。约在武则天时期，开始流行线条流畅、花纹写实的多瓣花形器物，其在造型方面的艺术性考量超过了对器物实用性方面的考量，比如荷叶形银盘、树叶形银盘等。这件龟纹桃形银盘也是异形盘的代表作品之一。

此外，在盘心装饰一只写实动物，周围留出空白的做法，是萨珊、粟特银器中流行的风格。这种做法的特点是主纹饰突出、醒目，没有其他内容的干扰，具有极强的视觉冲击力。但这同中国传统审美习惯有一定距离，所以这类风格的器物在唐代流行的时间并不长，作品也不多。尤其是以兽类作为装饰图案的，除了何家村窖藏出土了几件银盘以外，在全国其他地方极少出土。

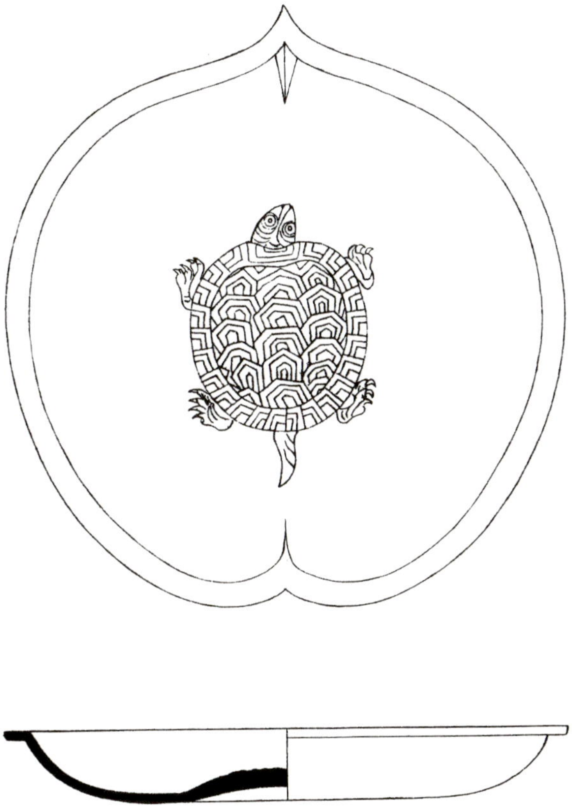

线图

077

鎏金熊纹六曲银盘

七一43

高1.1厘米　径13.4厘米　重140克

六瓣葵花形，浅腹，平底。窄平折沿，外沿圆润光滑。盘心冲压一浅浮雕熊纹，细部用錾刻，纹饰鎏金。在纹样对应的背面盘底略内凹。

线图

078

鎏金飞廉纹六曲银盘

七一44

高 1.4 厘米　最大径 15.8 厘米　重 313 克

六曲葵花形，窄平折沿，浅腹平底，盘心模压一鼓翼扬尾、偶蹄双足、牛首独角、鸟身凤尾的动物形象。

盘底牛首鸟身并有双翼的动物形象，有的学者称其为翼牛纹或异兽纹，近年来更倾向于认为它是中国古代神话中的风神。屈原《离骚》中有『前望舒使先驱兮，后飞廉使奔属』。王逸注解『飞廉，风伯也』；《文选》卷八《上林赋》『椎飞廉』李善注引郭璞曰：『飞廉，龙雀也，鸟身鹿头者。』文献记载汉武帝时期在大型建筑物的屋顶上有安装铜鸟的制度，《太平御览》卷一七九引魏文帝歌：『长安城西有双圆阙，上有双铜雀，一鸣五谷生，再鸣五谷熟。』据《三辅黄图》，建章宫玉堂上的铜鸟『下有转枢，向风若翔』，由此可知，安装在屋顶上的铜鸟，应是司职风神的飞廉。波斯萨珊王朝的银器纹饰中，也有一种前半身像狗、后半身像鸟的神兽——塞穆鲁（Senmurv），象征帝王的权威和国力的昌盛；而在粟特银器中，则由本地一种与之相似的有翼骆驼取代，这种有翼骆驼在粟特地区是神话传说中的胜利之神。在唐代的金银器中，唐朝工匠不仅以中国的神兽飞廉取代了有翼骆驼，而且还突破了粟特银盘单一的圆形平面，将盘口做成唐代流行的六曲葵花形，使之既具有异域色彩，又有着明显的本土风格。

线图

079

鎏金凤鸟纹六曲银盘

七一45

高 1.4 厘米　口径 16.3 厘米　重 220 克

六瓣葵花形，浅腹，平底。窄平折沿，外沿圆润光滑。盘心模压一浅浮雕凤鸟纹，细部錾刻，纹饰鎏金。在纹样对应的背面盘底略内凹。

凤是古代传说中的神鸟，代表祥瑞，因此，凤鸟纹被大量用来装饰各种器物。在唐代金银器上，早期的凤鸟纹多为单独的立凤，中后期的凤鸟纹多成双配置。其造型主要为朱冠金喙、鼓翼而舞、长尾华美、文彩斑斓。与龟纹桃形银盘、熊纹六曲银盘一样，其装饰手法也采用萨珊、粟特银器惯用的在盘心饰以单只动物的单点式装饰手法，因此有人认为这类盘子是从粟特或萨珊地区传入中国的。但从凤、龟等中国传统纹样看，还应是中国工匠吸收、借鉴粟特或萨珊装饰工艺而制作的器物。

线图

080

鎏金双狐纹双桃形银盘

七一46

高1.5厘米　口径22.5厘米　重322克

盘呈相连双桃形，锤揲成型。窄沿，浅腹，平底。在盘底两桃中心处锤揲出一对相向而行的狐狸，右狐上行，头向左转，双耳抿于脑后，长嘴朝地，做回俯视状。左狐头向上翻转，长嘴朝天，双目仰视。两狐互为顾盼，神态生动活泼。双狐颈部及腹股处錾刻细纹，周身鎏金。

在盘心装饰动物纹，周围留出空白的构图方法原流行于波斯和粟特地区，唐时传入中国。这件银盘虽然构图方式上接受了粟特的艺术手法，但在题材的选择上却已经中国化。此外，白狐、玄狐在唐代属上瑞。取双狐双桃形做装饰题材正是迎合了中国所特有的『益寿』『压邪』『祈福』的民族心理和审美情趣，反映出唐代工匠在对西方金银器艺术吸收借鉴的前提下更注重推陈出新，使之更符合中国人的情感需要和民族心理。

线图

081

鎏金线刻雀鸟纹银碟

七一130
高 0.8 厘米　口径 9.5 厘米
重 82 克

窄沿平折，斜壁，平底。内壁鎏金，内底中心线刻有三只同向飞翔的雀鸟，下方有一花形云朵。花纹线条轻浅，细如发丝，且细节处不完整，应为纹样加工之初的草稿图。外壁光素且无鎏金。

线图

082

『三两三分』银盘

七一32

高4.1厘米　口径20厘米　重551克

圆形，敞口，平底，圈足，光素无纹。内底墨书『三两三分』四字。

083

素面折沿平底银盘

七一50—58、148—163

高 1.1—1.9 厘米　口径 18—18.5 厘米　重 241—294 克

共出土 25 件。敞口，窄沿平折，斜壁，平底，光素无纹。内底大多有明显的同心螺旋纹，应是利用镟床快速旋转抛光后的痕迹。其中一件（七一57）外底有墨书五行，隐约能看出的字有『芃』『容县』『王』『置』等。此外，另两件银盘（七一50、51）外底也有墨迹残痕，由此分析盛装时每件银盘之间垫有包装纸，然后一一相摞。包装纸似为废弃的账簿或公文，因为潮湿将上面的墨字印到了银盘上。

七一50

七一51

七一57

七一52

七一53

七一54

七一55

七一56

七一58

七一148

084

素面直口平底银盘

七一186—209
高 1.8—2.2 厘米　口径 14—15 厘米
重 144—165 克

共出土 24 件。形制相同，直口，弧腹，平底，光素无纹。

七一189

七一190

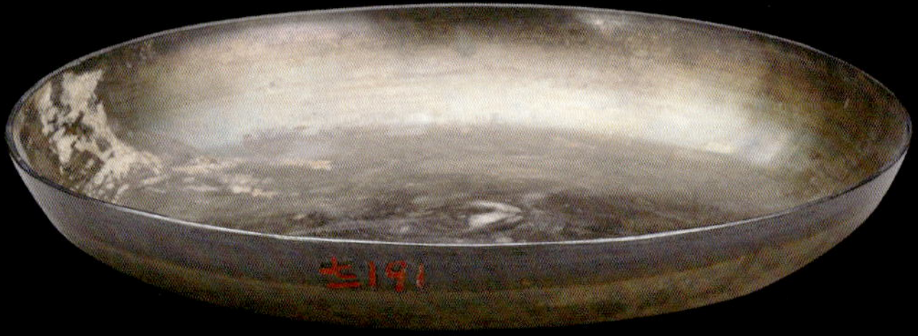

七一191

七一192

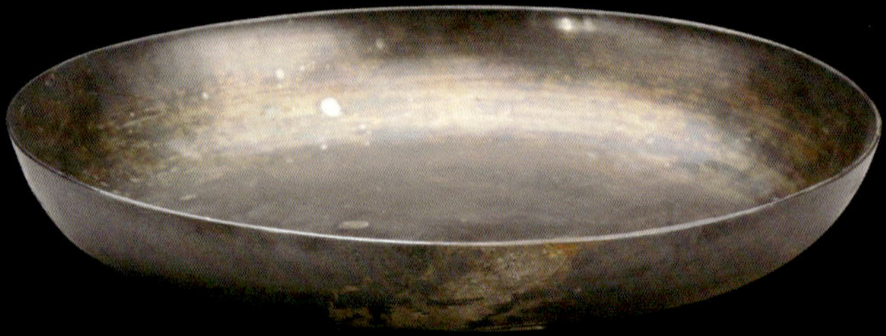

七一194

七一196

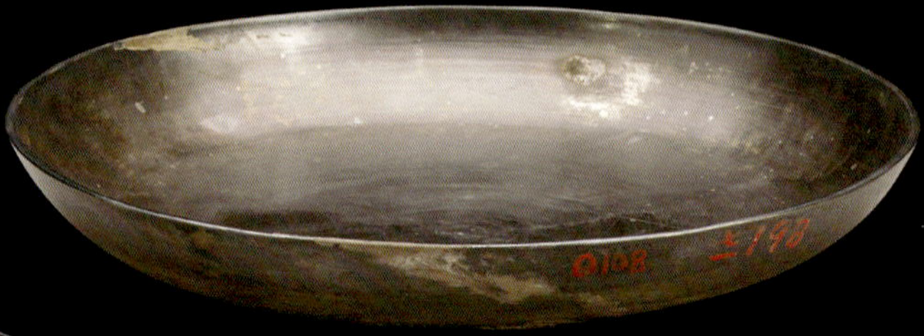

七一198

七一200

七一202

七一209

085

素面长柄三足银铛

七一33

通长28.5厘米 高7.1厘米 口径10.2厘米

流长2.7厘米 柄长19.1厘米 重519克

银铛为敛口，沿边有一半圆形短流。颈腹交接处内收，使内壁形成一个凸棱。腹略鼓，平底微隆，底部有三个兽蹄形足。腹部紧靠凸棱下方处焊有一曲尺长柄，柄上有活页，可使长柄反折扣到铛口上，并有滑动的锁扣予以固定。铛底部有墨书题记『十二两』三字。铛是一种带柄的温器，有的带足，可作温酒器、茶具及药具。这件银铛应为温药熬药之用。

折柄结构

内底墨书

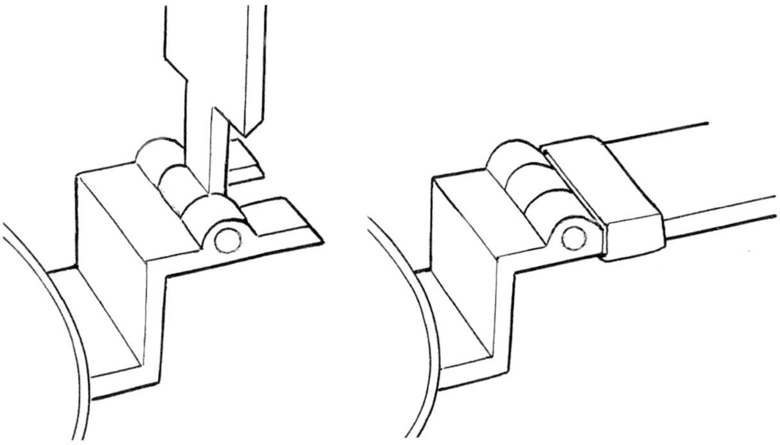

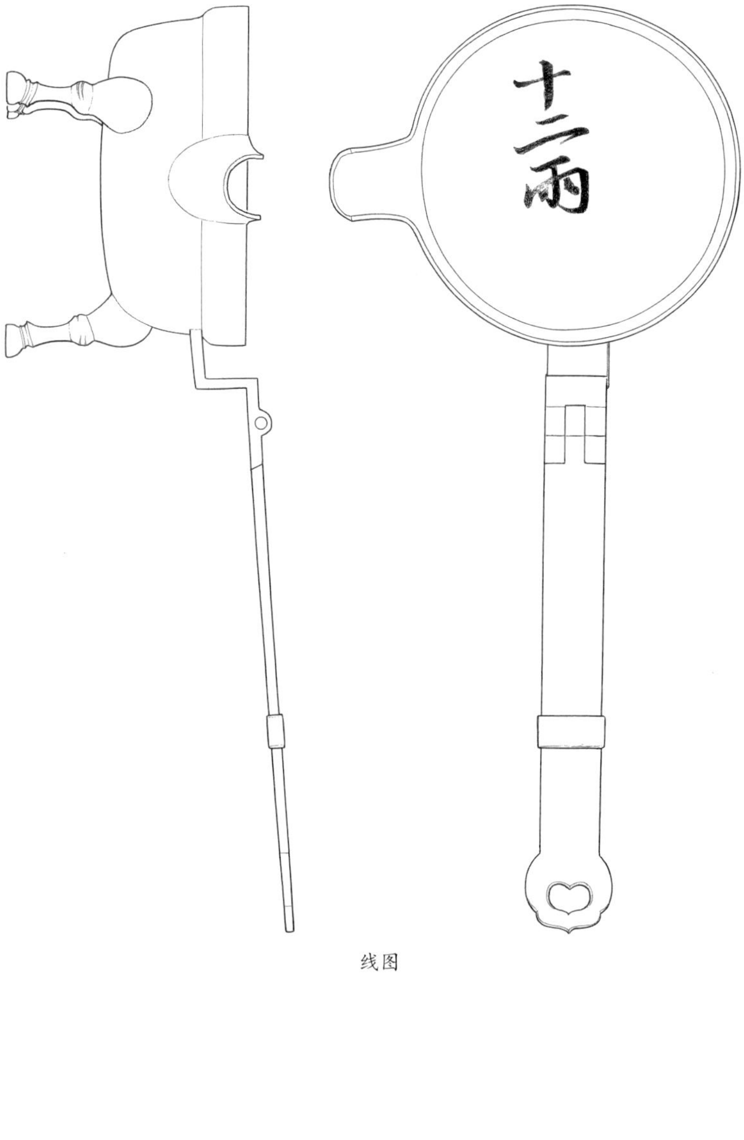

线图

086

素面短柄三足银铛

七一39、40
高 4.2 厘米　口径 10.5 厘米　柄长 2.5 厘米
重 148 克

共出土 2 件，形制、大小相同。侈口，圜底，下有三兽足，短柄呈叶芽形。柄由上下两片银焊接而成，焊药外露，柄上有云曲状指垫。

七一39

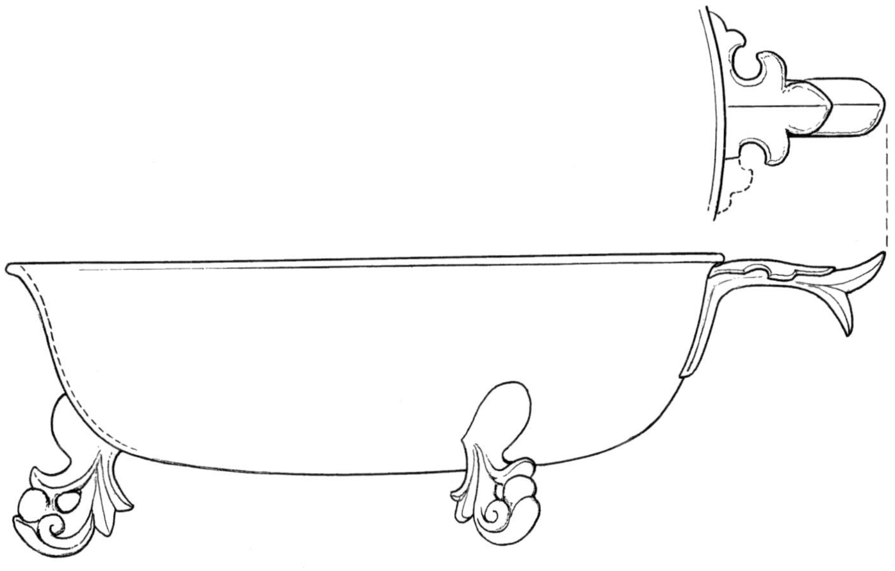

七一40线图

087

素面双耳提梁银锅

七一25

通高17厘米　器高7.1厘米　提梁高9.6厘米　口径19.2厘米

口沿厚0.27厘米　重740克

共出土5件，除一件为双立耳护手银锅外，其余均有环形提梁，形制大同小异。均通体光素，直口，深腹，圜底，折沿。折沿上铆接一对圆拱形立耳，环形提梁两端套挂在立耳孔中。此件银锅是窖藏出土提梁银锅中最大的一件，器物内底有墨书题记『一斤二两半』五字。锅体及提梁均为锤揲成型，锤揲的痕迹在提梁的鸟头部分仍有明显保留。在口沿凸棱的加工上，使用了切削工艺，凸棱的内沿不十分规整。器物的内底和外部都遗留有旋轮处理后的细密圈纹，由底心向四周均匀排列，这也是何家村窖藏器物群最具特色的工艺之一。过去通常认为是切削加工遗留下的痕迹，但经过仔细观察分析，当为打磨后留下的痕迹，即通过镟床的旋转获取速度，用一种质地较硬的打磨工具，由中心向外逐步打磨，以使器体光整。

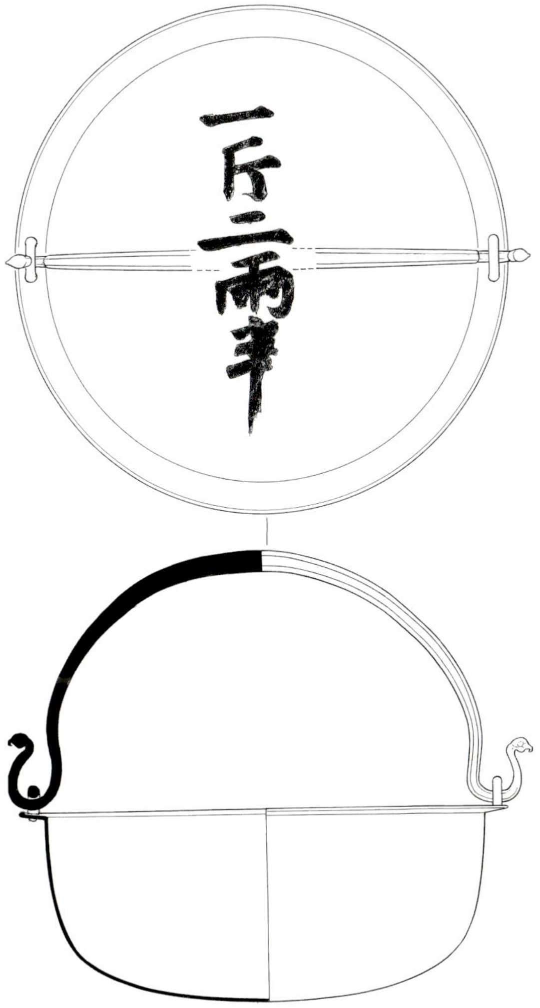

线图

一088一

素面双耳提梁银锅

七一26

通高17厘米 口径21厘米 重700克

锤揲成型。直口，深腹，圜底，折沿，通体光素。折沿上铆接一对圆拱形立耳，环形提梁两端套挂在立耳孔中。器物内底有墨书题记『一斤一两半』五字，口沿一侧耳部上方刻有『郝』字，下方刻有『郝嗣』二字。

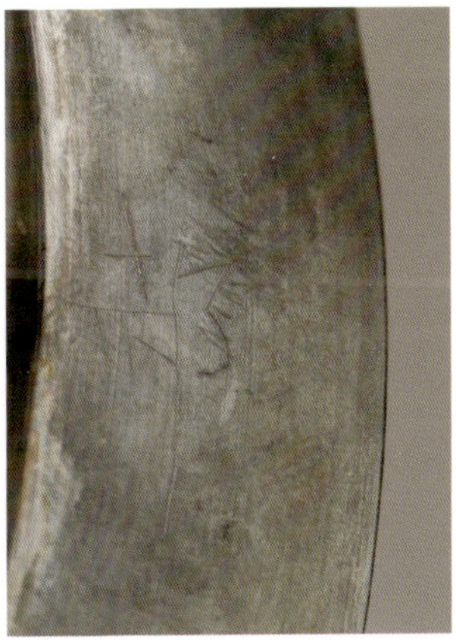

— 089 —

素面双耳提梁银锅

七一274

通高 10 厘米　口径 12.3 厘米

锤揲成型。直口，圜底，折沿，通体光素。折沿上铆接一对圆拱形立耳，环形提梁两端套挂在立耳孔中。器物内底有墨书题记『四两一分』四字。

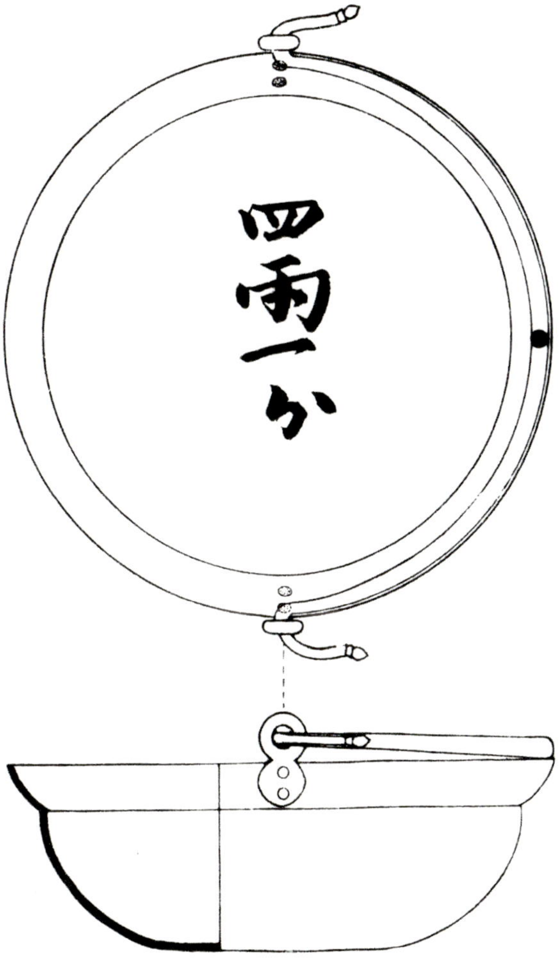

线图

— 090 —

素面提梁银锅

七一27

通高 17.5 厘米　口径 19.5 厘米

锤揲成型。直口，圜底，折沿，折沿上套接环形提梁。通体光素。现存中国国家博物馆。

091

素面双立耳银锅

七一49

高 14.5 厘米　口径 28 厘米　重 1792 克

锤揲成型。侈口，口下颈部外凸一条弧形条带。锅沿两侧焊接有对称的附耳，附耳上铆接半环形立耳，腹壁直，器底较深，平底，通体光素。

何家村窖藏出土的 5 件银锅均无明显的使用痕迹，但由于窖藏中出土了大量的丹砂、钟乳石、石英等药物，以及《诸家神品丹法》中有用『辰锦砂四两，银器内用为花蜜煮七日夜』『用生黄精自然汁，银器内熬成膏子』『铅银可为器养丹砂』的记载，所以通常认为银锅与炼丹有关，也不排除作为烹茶之器等其他生活实用器的可能。

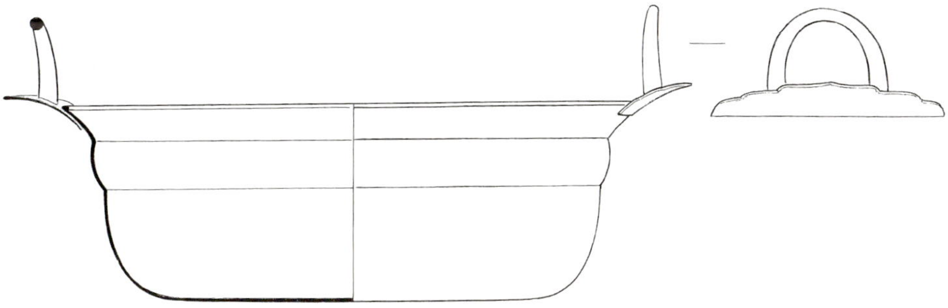

线图

鎏金鹦鹉纹提梁银罐

七一277

高 24.1 厘米　口径 12 厘米　底径 14.3 厘米　重 1879 克

大口，短颈，覆碗形盖，圆鼓腹，喇叭形圈足。提梁辖于焊接在罐肩上的两个葫芦形附耳之内。罐腹装饰以鹦鹉为中心，用折枝花围于四周，形成两个圆形图案，装饰于罐腹两面，余白填以单株折枝，颈与圈足饰以类似海棠的四出花瓣。盖心饰宝相团花一朵，周围饰葡萄、石榴、忍冬、卷草纹，提梁上饰菱形图案。盖内有墨书两行：『紫英五十两』『白英十二两』。出土时，器内盛放有紫石英和白石英。

提梁银罐的用途比较广泛，主要用作饮食器，如盛水、盛酒等。从这件银罐盖内墨书看，当为盛放炼丹药物的器具。其制作综合运用了锤揲、錾刻、鎏金、焊接、切削等多种工艺，体现了唐代先进发达的手工业技术和科技文明。其造型和纹饰，再现了唐朝经济发达、文化昌盛的盛世气象。

罐盖面及盖内墨书

线图

腹壁线图

093

莲瓣纹提梁银罐

七一279
高 20 厘米　口径 17.5 厘米
足径 15.3 厘米　重 1590 克

侈口外卷，唇部较厚，圆肩鼓腹，下收为圜底，焊接喇叭形圈足，肩部铆接一对杏叶形铜质环耳，套接半圆形八棱提梁，两端宝珠头弯挂。盖顶焊接三只鎏金铜质兽足。罐体饰两组莲瓣纹。盖内六片莲瓣纹的轮廓中有唐人墨书题记，纵书『琉璃盃（杯）椀（碗）各一马（玛）瑙盃（杯）二玉盃（杯）一玉臂环四颇黎等十六珊瑚三段』，记录了当时罐内存放物品的数目。出土时实际内放物品为：水晶八曲长杯、凸圈纹玻璃杯、玛瑙长杯两件、镶金兽首玛瑙杯、白玉忍冬纹八曲长杯、白玉臂环四件、宝石十六块（蓝宝石、红宝石、绿玛瑙、黄精）、珊瑚三段，所出物品与墨书题记完全一致。

莲瓣纹本是中国传统的装饰图案，早在汉代就出现在建筑物的装饰图案中，但它与后来伴随着佛教而传入中国的莲瓣纹有着明显不同的寓意。在唐代金银器中，以莲瓣纹作为器壁装饰的器物多为碗和杯，且莲瓣内均饰有各种唐代流行的缠枝纹、花鸟纹、禽兽纹并鎏金，使器物显得华丽富贵。这件提梁银罐与上述器物不同之处，不仅在于器形，还在于装饰银罐的莲瓣纹内没有任何图案，显得素雅大方。截至目前，何家村窖藏出土的莲瓣纹提梁银罐是唐代唯一一件以莲瓣纹做装饰的提梁银罐。

盖内墨书

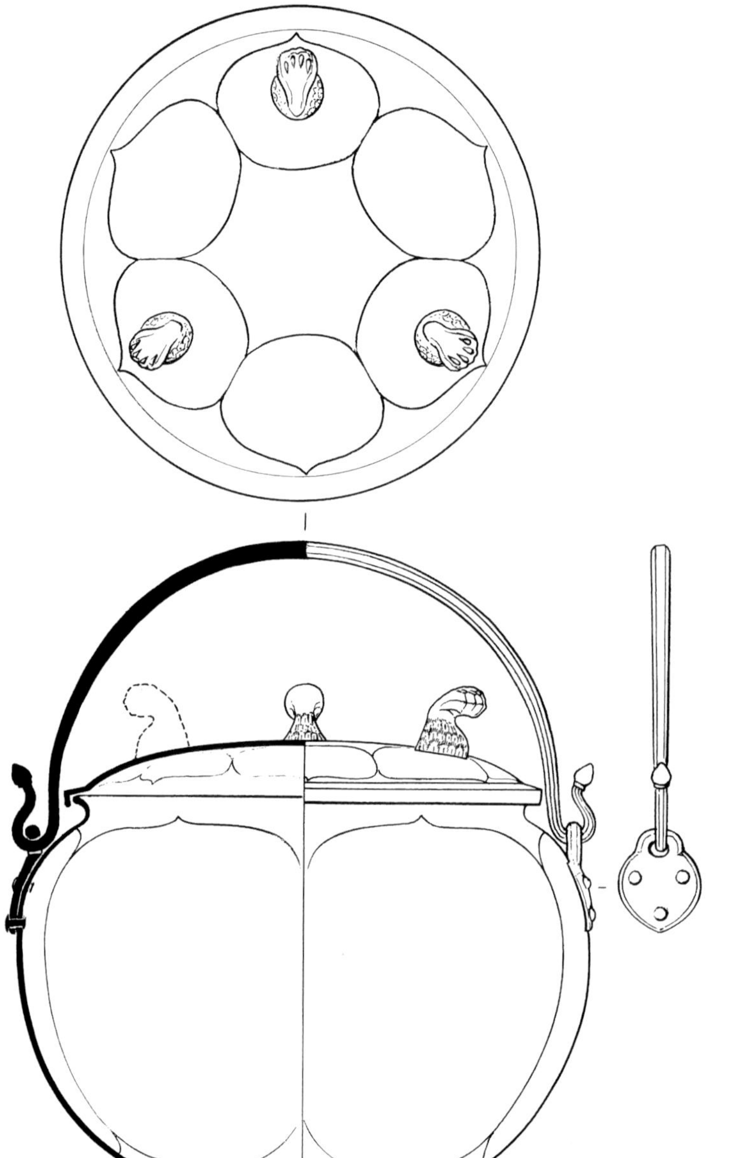

线图

094

素面提梁银罐

七一278

高 30.5 厘米　口径 13.5 厘米　重 2125 克

侈口，束颈，圆肩鼓腹，下收为小平底。盖面中心隆起，边沿趋平，沿口下折。盖上有环形纽，花瓣形纽座，纽上有环链与提梁套合。肩部铆接一对杏叶形环耳，上套弯弓形提梁，两端宝珠头弯挂。

095

素面提梁银罐

七一41

通高 11.8 厘米　口径 6.6 厘米

重 387 克

侈口，束颈，圆肩鼓腹，下收为小平底。盖面隆起，宝珠形纽，纽下有环链与提梁套合。肩部铆接一对杏叶形环耳，上套弯弓形提梁，两端宝珠头弯挂。盖内面墨书『九两』，罐内底也有墨迹。

盖内墨书

内底墨书

— 096 —

素面提梁银罐

七一88
高 36.4 厘米　口径 16.5 厘米　腹径 26 厘米
重 4150 克

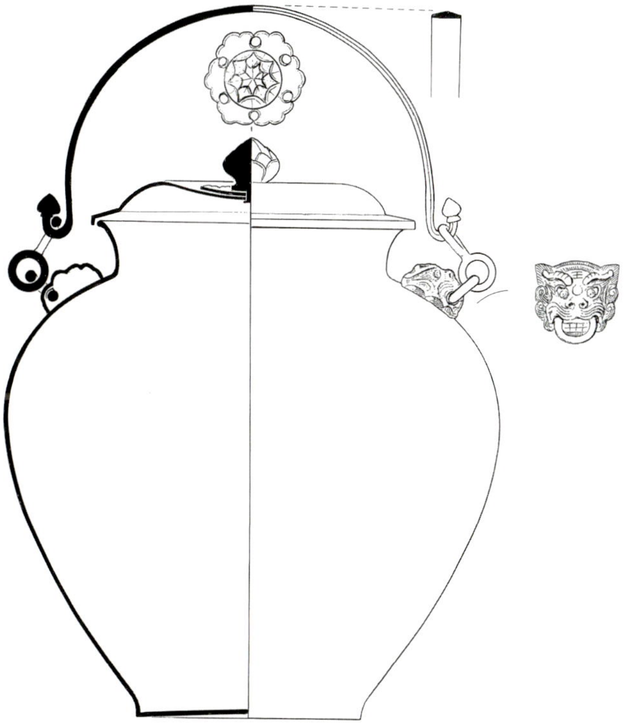

线图

侈口，束颈，圆肩鼓腹，下收为小平底。盖面隆起，宝珠形纽。肩部焊接一对兽首衔环耳，上套弯弓形提梁。银罐底部为焊接。从罐底内部可见锤打的呈同心圆分布的浅凹痕。银罐口沿及内部可见旋纹及多圈锤击痕迹。罐内壁有绿锈若干。银罐口沿近兽首处有一处内凹变形，肩部近另一兽首处有三处凹痕，器盖上共有六处凹陷。器表有泛白黄土及包浆。出土时位于第一个陶瓮西 0.18 米处，与陶瓮处于同一水平面，且皆埋在活土坑内。

097

素面提梁银罐

七一89

高30.5厘米　口径13.5厘米

重2125克

侈口，束颈，圆肩鼓腹，下收为小平底。盖面中心隆起，边沿趋平，沿口下折。盖上有环形纽，花瓣形纽座，纽上有环链与提梁套合。肩部铆接一对杏叶形环耳，上套弯弓形提梁，两端宝珠头弯挂。罐内残存有锈蚀板结的铜钱，水浸痕迹清晰可辨。根据水浸痕迹分析，此银罐应装在第二个陶瓮之中。

内底墨书

罐内遗物

098

素面平底银盖罐

七一31

通高8厘米　口径8.5厘米

底径6.3厘米　重429克

直口，宽肩，腹部下收成小平底。盖面平坦，盖沿下折成直口，与罐口颈套合成子母口，宝珠形纽。盖内墨书『十两口分』。器腹内壁光洁银白。通体光素无纹。

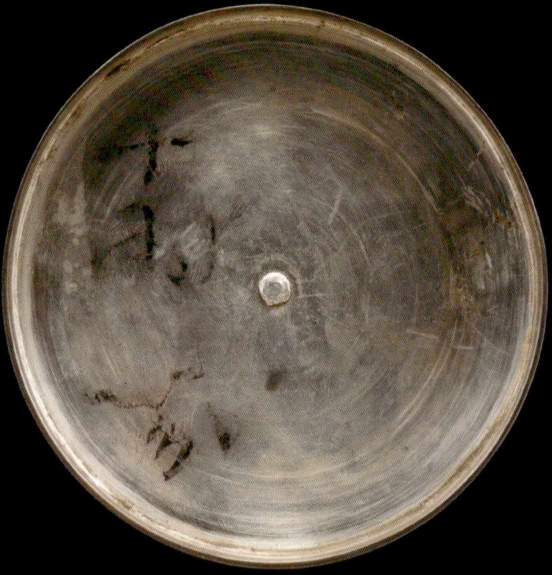

— 099 —

素面平底银盖罐

其一（七—96）
高 4.1 厘米　口径 3.4 厘米　重 57 克
其二（七—97）
高 4.4 厘米　口径 2.6 厘米　重 53 克

共出土 2 件。形制相同。小口，溜肩，鼓腹，平底。伞形盖，宝珠形纽，盖纽之间有六瓣形银垫。器腹和器盖内壁均有抛光的螺旋纹痕迹。通体光素无纹。

七—96

线图

七一97

100

素面圈足银盖罐

其一（七一94）
高3.9厘米　口径2厘米　重44克
其二（七一95）
高3.9厘米　口径2.1厘米　重43克

共出土2件，大小、形制相同。小口，直颈，鼓腹，圜底，下有圈足。盖面微隆，宝珠形纽。盖纽为器盖上钻孔后焊接，圈足也为焊接，仍留有焊药的痕迹。器腹和器盖内壁有螺旋纹痕迹，通体光素无纹。

七一94

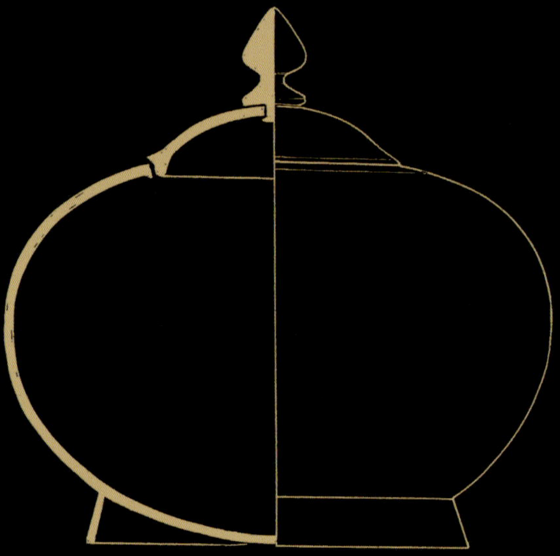

线图

七一95

素面球腹三足银盖罐

七一93
高 4.4 厘米　口径 2.5 厘米
重 58 克

小口，直颈，球腹，圜底，伞形盖，宝珠形纽，盖纽之间有六瓣形银垫。腹下焊接有三兽足。器腹和器盖内壁均有螺旋纹痕迹。通体光素无纹。

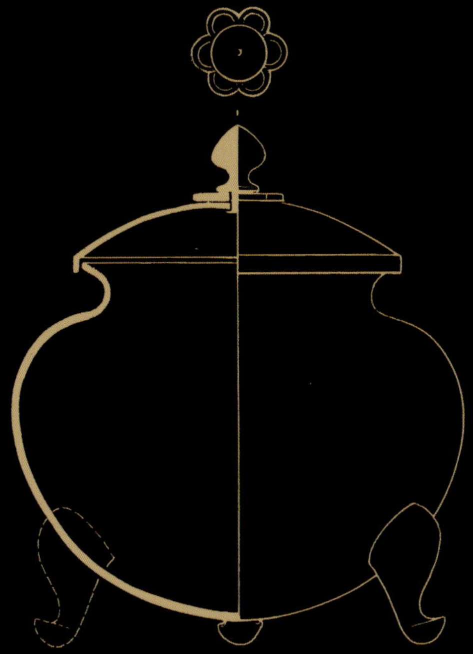

一〇二 素面束腰三足银盖罐

七一92

高 3.5 厘米　口径 4.4 厘米　重 72 克

敞口，束腰，底近平。盖上有环状捉手，腹下有三兽足，兽足与盖上捉手均为焊接。通体光素无纹。

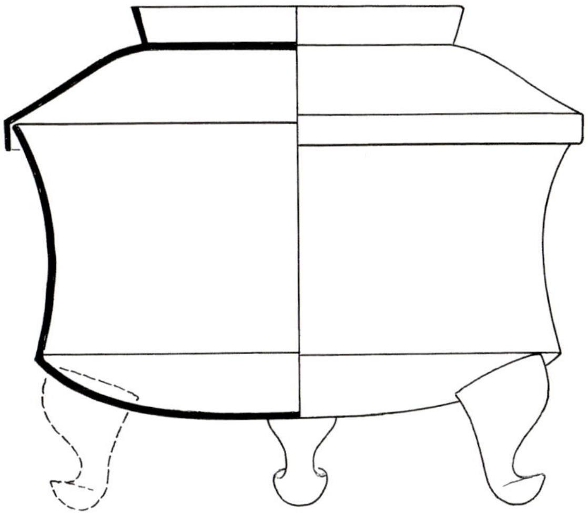

线图

103

素面圆腹三足银盖罐

七一91

高3厘米　口径4.9厘米　重65克

敞口，圆腹，底近平。盖上环状捉手与腹下三兽足均为焊接。器腹内壁光洁银白。通体光素无纹。

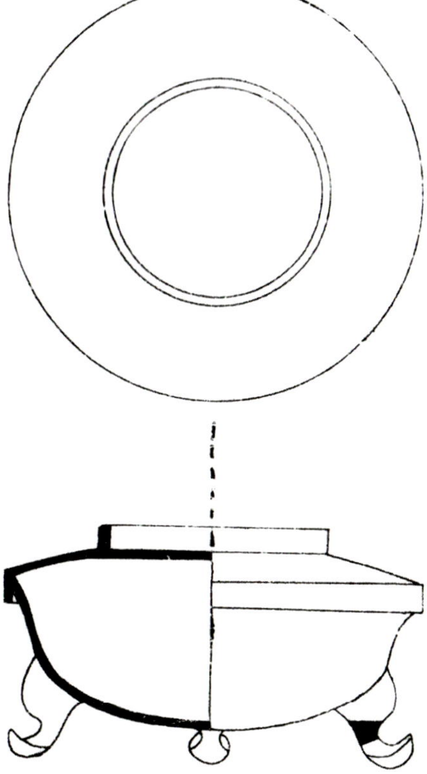

线图

104

仰莲瓣座银罐

七一29—30

通高 11.5 厘米　腹围 23 厘米

口径 3.9 厘米　重 171、172 克

共出土 2 件，形制、大小基本相同。上部为罐形，小口外侈，高颈，圆肩，鼓腹。伞形盖，宝珠形纽。下部似一圜底碗，底部饰仰莲瓣一周，各莲瓣中央錾刻一心形图案，空白部分则刻出竖纹。底部有一孔径约为 0.9 厘米的小孔。罐体与仰莲座系焊接连接。底部小孔周围也有焊接痕迹。器腹部有褐色残留物。锤揲成型，通体鎏金。这种器物形制特殊，仅见于何家村窖藏。此罐与银石榴罐体量大体相当，可能与石榴罐一样同为炼丹之用。

七一29

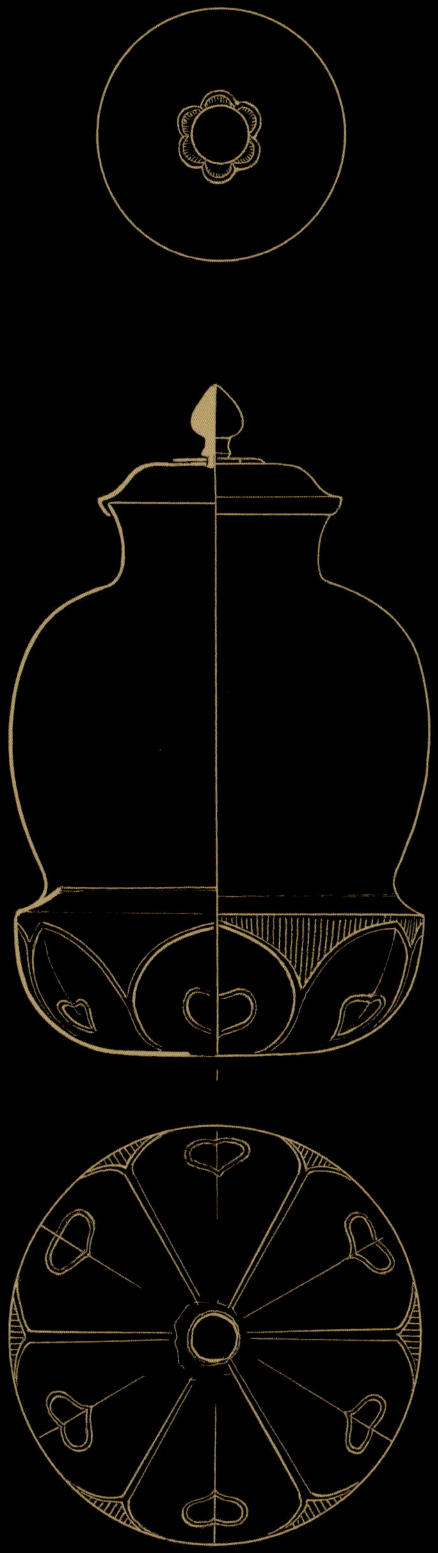

线图

七一30

105

银石榴罐

七一270—273

高 8.8—10 厘米　腹径 6—6.3 厘米

口高 1.5 厘米　分别重 845、851、855、899 克

共出土 4 件，形状基本相同。平底，小口，壁部厚重，圆筒状罐口与罐体以焊接相连。圆筒罐口底部有一直径为 0.5 厘米的小孔，孔内有一棍状塞子。银罐腹部有一周明显的焊接痕迹，由此可知，银罐是由分开浇铸的两部分焊接而成。罐底有黑色烟炱，应是加热操作时所遗留。

银石榴罐名称的由来可能同其形状与石榴相似有关。它们通常被认为是古代炼丹用具，在道教的炼丹秘籍《金华冲碧丹经秘旨》中有关于石榴罐的记载，并绘有使用时将石榴罐倒置在坩埚之上的图样，因而有学者认为石榴罐是炼丹用的简单蒸馏器。与银石榴罐同时出土的还有碾药用的玛瑙臼、玉杵，熬药的金、银锅，盛药的金、银盒等，它们共同组成一套完整的炼丹药具，是唐代炼丹风气盛行的见证。

七一270

七一271

七一272

线图

口塞

七一273

106

鎏金飞狮纹银盒

七一86

高5.6厘米　口径12.9厘米　重425克

盖与底面隆起，中部趋平，盖、底以子母口扣合。锤揲成型，花纹錾刻，余白处均填鱼子纹。盖面中心饰一只翼狮，独角，长尖耳，棕毛硬而上翘，从双肩伸出纤细的羽毛状双翼，背脊上有龙似的戟，身上为云状斑纹，尾巴蓬松如狐狸。其外为一圈连枝团花葡萄纹。盖面最外层图案为六朵枝蔓相连、盘绕成环的宝相花。底面中心为一朵六瓣大团花。盒沿侧面是六组形态各异的瑞兽，间隔以折枝花草。

银盒造型饱满，纹饰华丽，具有典型的盛唐风格，但飞狮形象可能来源于萨珊银器上的塞穆鲁（Senmurv）形象。塞穆鲁是一种兽身鸟翼的神兽，在八世纪中叶以前萨珊银器上曾大量出现。此外，在各种动物的身上添加双翼，尤其是在动物周围环绕绳索纹或联珠纹圆框，形成所谓的『徽章式纹样』，也是典型的萨珊银器装饰风格。繁密的团花、折枝花则表明它是唐代工匠的作品，年代较早，约在七世纪中期。

盖面

底面

盖面线图

底面线图

侧面线图

鎏金犀牛纹银盒

七一82

高 2.5 厘米　口径 5.8 厘米　重 108 克

盒身呈圆形，盒盖与底部微隆。盖面中央麦穗纹圆框中錾刻一只口衔瑞草、通身鳞甲的独角犀牛，外绕八朵忍冬花结。底面中央在麦穗纹圆框中，錾刻一朵双层八瓣团花，外绕四组团花与鸳鸯组成的两方图案。鱼子纹地。纹饰全部鎏金。

侧面线图

盖面

底面

盖面线图

底面线图

108

鎏金翼鹿凤鸟纹银盒

七一83

高2.5厘米　口径5.8厘米　重62克

盒盖面中心錾刻一口衔绶带、侧生双翼的平角牡鹿，周围环绕麦穗纹圆框，圆框外是由八朵莲叶忍冬组成的石榴花结。盒底中心饰一衔绶的凤鸟，周围环绕麦穗纹圆框及八朵忍冬花结。盒侧面饰以流云与飞鸟组成的二方连续图案，花纹平錾，鱼子纹地。纹饰鎏金。

侧面线图

盖面

底面

盖面线图

底面线图

— 109 —

鎏金翼鹿宝相花纹银盒

七一81

高2厘米　口径4.5厘米　重56克

盒盖中央在麦穗圆框中，錾刻一朵宝相花，外围绕以四只仙鹤与四朵莲叶卷草相间组成的花鸟图案，盒底中央圆框中錾刻一只口衔瑞草、身生双翼的鹿，外绕八朵忍冬花结。通体以鱼子纹为地，纹饰全部鎏金。

盖面

底面

110

鎏金鸳鸯纹银盒

七一79

高1.6厘米　口径5.9厘米　重36克

圆形，盒盖与底部两面隆起，子母口，盒面中部饰一只雄鸳鸯，周围环绕八朵忍冬、莲叶组成的花结，盖底中央饰宝相花一朵，盖侧面饰十二朵流云。通体鱼子纹地。纹饰鎏金。

盖面

底面

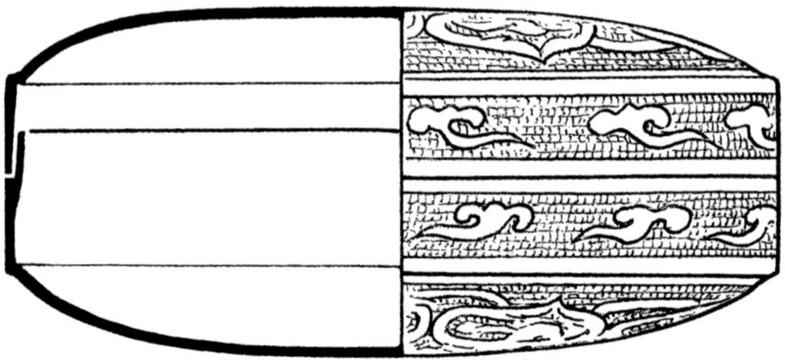

侧面线图

盖面线图

底面线图

111

鎏金双雁纹银盒

七一80

高1.8厘米　直径4.5厘米　盖厚0.1厘米

重40克

圆形，盒盖与底部微隆，子母口，盒面中部有相向而立的双雁，做振翅状，俱站立于一莲蓬之上，对衔一菱形方胜，胜下缀穗。双雁上方有阔叶折枝花。莲蓬两侧有莲叶勾卷蔓延。盒底中部为莲花与忍冬组成的四个连环石榴花结。盒侧面饰流云纹。通体鱼子纹地。纹饰鎏金。

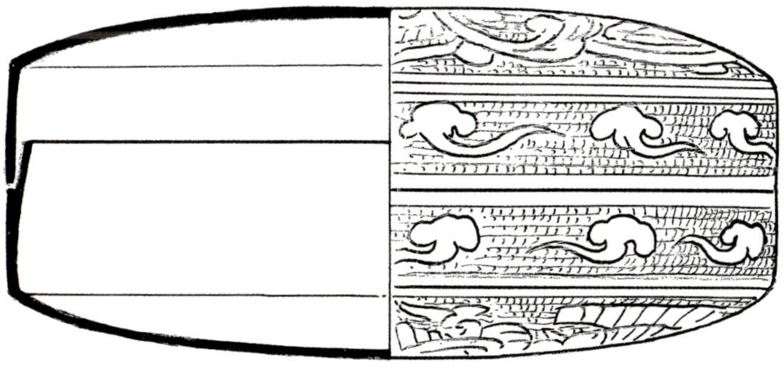

侧面线图

盖面

底面

盖面线图

底面线图

112

镂空盖花鸟纹银盒

七一98

高 2.6 厘米　口径 4.3 厘米

盒盖中心镂空出柿蒂纹样，其外环绕两只飞鸟和两朵折枝花。现存中国国家博物馆。

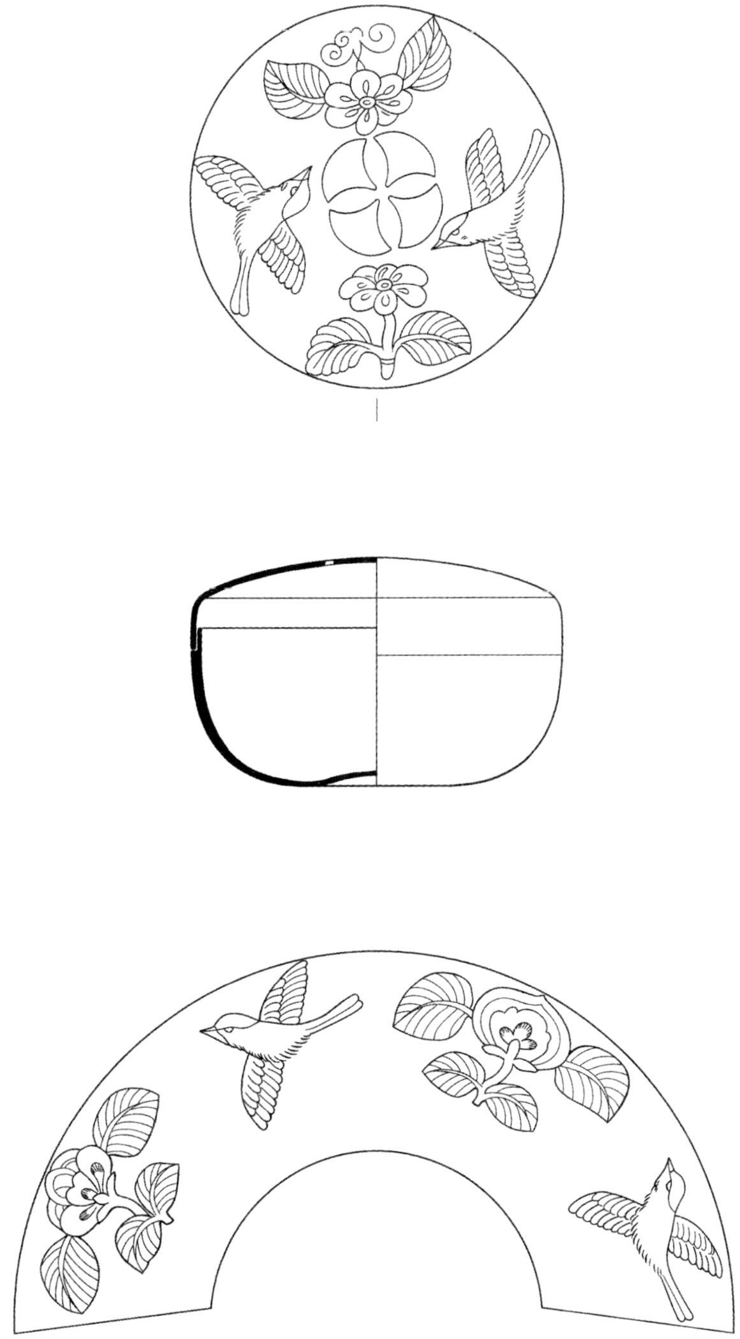

线图

113

鎏金石榴花结纹银盒

七一87

高 6.5 厘米　口径 12.3 厘米　壁厚 0.12 厘米　重 414 克

盒盖和底均微隆起，子母口扣合。盖、底主纹相同，均为三重：中心为八出团花一朵；第二重为八枚忍冬石榴花结；第三重为六株柿状花结构成的团花八朵，团花心均有衔草翱翔的鸿雁一只。盖沿与盖侧以四枚石榴花结组成菱形四出团花八朵；上下口沿以六枚石榴花结组成团花八朵。盖内墨书个别字迹模糊不清，仔细辨认为『溪州井砂卅七两十两兼盛黄粉。』锤揲成型，花纹平錾，鱼子纹地，纹饰鎏金。

从墨书及盛放的物品看，此盒当为盛放药材之用。盒内井砂实测重 444 克。井砂是朱砂的一种，为炼丹的主要药物，内服外用均有安神解毒作用。溪州在今湖南永顺，是井砂的著名产地。黄粉即金屑。盒内黄粉实测重 787 克。

盖面

底面

侧面线图

盖面线图

底面线图

114 石榴花结纹银盒

七一133

高3.7厘米　口径7.6厘米　重146克

盒盖和底均微隆起，子母口扣合。盖、底主纹相同，均为三重，中心为八出团花一朵；第二重为八枚忍冬石榴花结；第三重为六株柿状花结构成的团花八朵。盖沿与盖侧饰卷草纹一周。鱼子纹地。锤揲成型，花纹平錾。

盖面

底面

鎏金团花纹银盒

其一（七一84）
高 2.4 厘米 口径 8.6 厘米 重 161 克
其二（七一85）
高 4 厘米 口径 10.9 厘米 重 290 克

共出土 2 件，除大小不同外，造型纹饰基本相同。均为六曲葵花形。盖与底面隆起，中部趋平，上下以子母口形式扣合。外表通体布满花纹，盖面中心为六出团花，其外是一圈连枝的六朵团花。盒底纹饰与盖面纹饰几乎相同。侧面折棱形成的六区内，上下饰不同的缠绕折枝花。花纹錾刻，余白处均填鱼子纹。纹饰鎏金。

七一84

七一84

七一85

线图

116

鎏金线刻飞廉纹银盒

七一136
高 2.9 厘米 直径 8.3 厘米 壁厚 0.22 厘米 重 182 克

圆形，盒盖与底部微隆。浇铸成型，再经掏镗加工，在盒的内壁、盖心及底心处，抛光遗留下来的螺纹痕迹非常清晰。盖与盒子母口扣合严密。盒面正中为一鼓翼扬尾、偶蹄双足、马首独角的异兽，余白填以云纹。纹饰鎏金。盒底饰两只鸿雁和折枝花草。异兽纹样除头部外，其余部分与何家村窖藏出土的鎏金飞廉纹六曲银盘（七一44）上的飞廉形象酷似，也应为飞廉。纹样刻线浅而草率，应是纹饰尚未完工的器物。

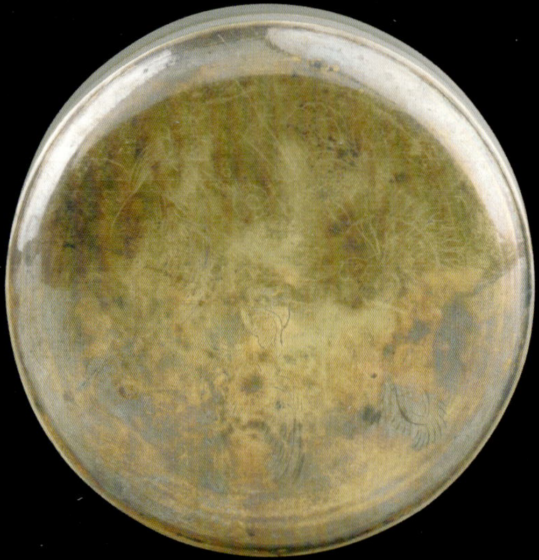

盖面

盖底

盖内螺纹痕迹

线图

117

鎏金线刻小簇花纹银盒

七一135

高2厘米　口径4.1厘米　重49克

圆形，子母口扣合。盖面有刻画的细线条构图，外圈为一周绳索组成的徽章式圆框，内心刻有一株小簇花。纹饰上有薄薄的鎏金层，因线条太过纤细，纹饰很难从底子上显现出来。为尚未完工的半成品。

盖面

线图

118

线刻花草纹银盒

七一134

高3.7厘米　口径7.6厘米　重49克

圆形，子母口扣合。盒盖表面打破对称布局，以线刻手法刻有大小不同的四朵折枝花草，在空白处填有昆虫、花叶。图案线条浅细，应为尚未完工的半成品。

线图

119

『刘古□□』银盒

七一121

高 4 厘米　口径 18.7 厘米　重 240 克

圆形，子母口扣合。盖面有『刘古□□』四字墨书，第四字似为『府』字。

120

素面银盒

其一（七一74）
高3厘米　口径8.8厘米　重244克
其二（七一75）
高3.5厘米　口径8.7厘米　重245克
其三（七一76）
高3厘米　口径8.1厘米　重243克
其四（七一77）
高6.7厘米　口径24厘米

共出土4件，形制相同，除七一77形体较大外，其他三件银盒大小相仿。圆形，盖底均微隆，子母口扣合严密，内壁光洁银白。

七一74

七一75

七一76

七一77

121

鎏金孔雀纹盝顶银方盒

七一59

通高 10 厘米　边长 12 厘米　盖高 3.1 厘米　重 1500 克

锤揲而成。方形，盝顶，盒盖与盒身有子母口扣合。盒正面有锁纽，背面以两枚杏叶形的钩环将盒盖与盒身相连。除底面光素无纹外，其余各面均有繁复细密的纹饰。盒身正面雕刻一对振翅扬尾的孔雀，立于莲花座之上，口衔下垂的莲蓬状物，余白衬以山峰、花鸟、流云、萱草等。右侧刻双童戏犬，间以花鸟、流云。左侧为立凤，亦衬花鸟、流云。背面正中是一折枝莲蓬，余白衬以鸿雁、飞鸟、花草、流云。盖顶为忍冬四出花，外绕忍冬八出花结，四角有三出花结角隅纹样，余白衬以流云、飞鸟纹。盖刹及盖沿均为 C 状忍冬卷草纹。锤揲而成，平錾花纹，鱼子纹地。

孔雀，一名越鸟，唐代已多被人工饲养，并被视为珍禽。这件方盒的纹饰，以孔雀为主题，把人物、风景、花鸟巧妙地结合在一起，具有浓郁的大自然气息，其装饰手法和内容，在唐代金银器中也不多见。关于方盒的用途，有的学者认为是佛教盛放舍利的器具，即宝函。但因其出土于唐代的居住遗址，并有明显的使用痕迹，推测应是日常生活器皿。从纹饰上看，银盒正面有左右对称的一对孔雀，左侧的一只腹部未錾刻出羽毛，脚下所踩莲蓬也没有錾刻出孔眼，而右侧的一只腹部錾刻有细腻的羽毛，脚下的莲蓬也錾刻有孔眼。因此，这件银盒很有可能是一件未完成的作品。

盖面

背面

盖面线图

背面线图

侧面

侧面线图

122

盛『次光明砂』线刻鸳鸯纹银药盒

七一78

高 6.7 厘米　直径 15.6 厘米

壁厚 0.15—0.38 厘米　重 1500 克

圆形，盒盖和底微隆，以子母口扣合。盖面和盒侧有纤细的线刻图案，盖面图案没有全部完成，应为起稿之图。盖面中心刻有一对相向站立于莲蓬之上的鸳鸯，口衔之物（应为菱形绶带）尚未刻成，鸳鸯上、下方各有一组三出莲，一花二叶，呈半合抱状。盒侧存有流云纹。盒盖内有墨书『合重卅六两盛次光明沙（砂）廿一两虎魄十段』字样。盒中实际出光明砂 720 克，琥珀总重 211 克。器体厚重，浇铸成型。

盖内

盖面

123

盛『大粒光明砂』银药盒

七一222

口径 17.9 厘米　高 6.5 厘米　盖壁厚 0.13 厘米　重 660 克

圆形，盒盖、盒底均隆起呈慢拱形，以子母口扣合，通体光素。盒内所装物品及数量分别以墨书写在盒盖的内、外壁上。外壁共计有 4 列 23 字，即『大粒光明砂一大斤白马脑铰具一十五事失决真黄钱卅』；内壁共计 5 列 48 字：『大粒光明砂一大斤白马脑铰具一十五事失玦真黄钱卅黄小合子一六两一分内有麸三两强钗钏十二枚共七两一分』，麸金装于黄小盒子（七一223）之内。盒内所装『大光明砂』民间称为『朱砂』，即炼丹术中被视为至尊之物的丹砂。

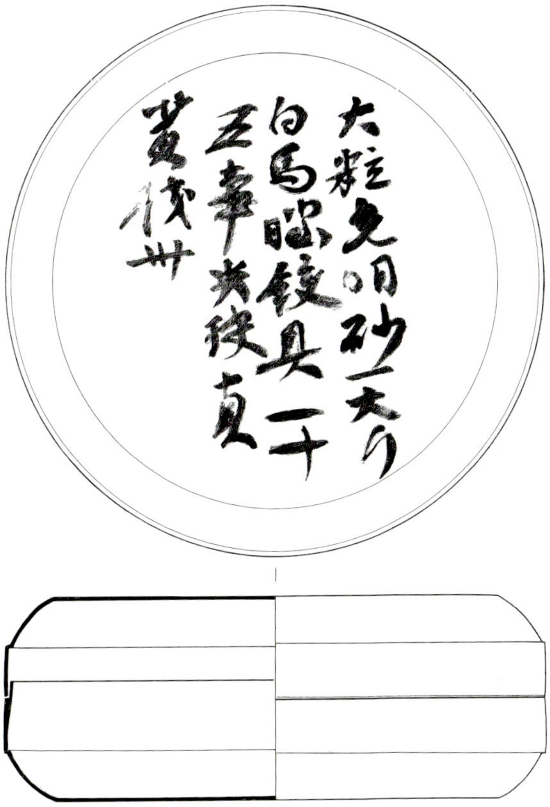

线图

盖内

盖面

124

盛『光明紫砂』银药盒

七一219

口径 17.4 厘米　高 6.5 厘米　重 646 克

锤揲成型，通体光素。盒盖面与盖内均有唐人的墨书题记，盖内记：『光明紫砂一大斤上上碾文白玉纯方胯一具一十六事并玦斑玉一具白玉有孔一具各十五事并玦。』盖面文字略同。出土时银盒内原藏有朱砂 850 克左右，为黄豆大小的咖啡色颗粒，色泽深浅略有差异，断面上有光泽。盒内另装有伎乐纹白玉方形銙一具，即墨书中提到的『碾文白玉纯方胯』，斑玉带銙一具，有孔白玉带銙一具。

盖面

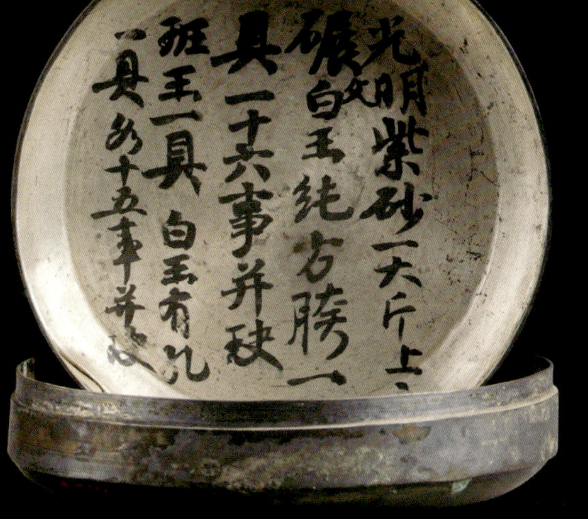

盖内

125

盛『光明碎红砂』银药盒

七一220

高6.3厘米　口径17厘米　重668克

锤揲成型，通体光素。盖面与盖底均隆起，子母口式扣合。盖面与盖内均有相同的唐人墨书题记：『光明碎红砂一大斤四两白玉纯方胯十五事失玦骨咄玉一具深斑玉一具各一十五事并玦。』出土时银盒内所藏与题记相符。除盒盖内外有墨书题记外，银盒外底也有印上的痕迹，说明埋藏时可能用账簿或公文纸包装过。

盖内

盖面

盛『红光丹砂』银药盒

七一221

口径17.4厘米　高6.9厘米　重674克

锤揲成型，通体光素。盖面与盖底均隆起，子母口式扣合。盖面与盖内均有相同的唐人墨书题记：『红光丹沙（砂）二大斤大颗三枚绝上碾文白玉带一具十六事失块更白玉一具数准前。』出土时银盒内所藏与题记相符，计有大块朱砂1415克，其中三块个体较大。狮纹白玉带銙一具，即墨书中所谓『碾文白玉带』。另有更白玉带銙一具。

盖内

盖面

127

盛『上上乳』银药盒

七一267
口径 17.9 厘米　高 6.4 厘米
壁厚 0.13 厘米　重 692 克

盖与底面均隆起，子母口扣合。盒盖内外均有墨书题记『上上乳一十八两』七字。出土时盒内原盛有管状钟乳石 678 克，部分碎裂成指甲状小块。钟乳以透明度高者为上品，此银盒内钟乳晶明透亮，管壁薄而均匀，品质极佳，故标识『上上乳』。包括这件银盒，何家村窖藏共出土了三件装有钟乳石的银盒，其上的墨书将钟乳石分为『上上乳』『次上乳堪服』和『次乳须简择有堪服者』三等，与唐代医药文献记载的乳石分级正合。

盖面

盖内

128

盛『次上乳』银药盒

七一268

口径 17.4 厘米 高 6.4 厘米

重 675 克

盖与底面均隆起，上下子母口扣合，通体光素。盒盖内外有唐人墨书题记：『次上乳十四两三分堪服。』出土时盒内原盛有管状钟乳 606 克，大多已碎裂为小块，颜色灰白半透明，比『上上乳』颜色略暗，等级略差，故名『次上乳』。

盖面

盖内

129

盛『次乳』银药盒

七一269

口径 17.9 厘米 高 6.3 厘米

壁厚 0.13 厘米 重 655 克

子母口扣合。盒盖内外均有唐人墨书题记，盖面为『次乳廿四两』；盒盖内为『次乳廿四两须简择有堪服者』。出土时盒内原盛有管状钟乳石 947 克，颜色灰暗略泛黄，透明度不佳，粗细厚薄也不均匀，符合唐代萧炳《四声本草》中提到的钟乳石的最后一等。

盖内

盖面

—130—

透雕五足三层银熏炉

七一28

通高 30.5 厘米　最大径 21.5 厘米

盖径 16.6 厘米　重 4100 克

熏炉由三部分组成，上层为半圆形盖，盖面镂刻三层如意云纹，中间铆有一仰莲瓣宝珠形纽；中层为束腰形镂空炉腔；下层为五足炉盘。炉盘腹壁等距离开为五个长条形槽口，以供插入五根提链，提链一头有孔，插入长条形槽口后，可从内壁插塞将链条固定。出土时，链条仅存四根，由此也可推断银熏炉为使用过的旧物。中层与下层接合处，焊有三朵如意卧云。炉盘内底墨书『三层五斤半』，炉盘外底也有墨书两行，因锈蚀居半，仅能看出『半』『层』二字。

熏炉部件

熏炉盘内墨书

熏炉盘底

熏炉局部

三层五与半

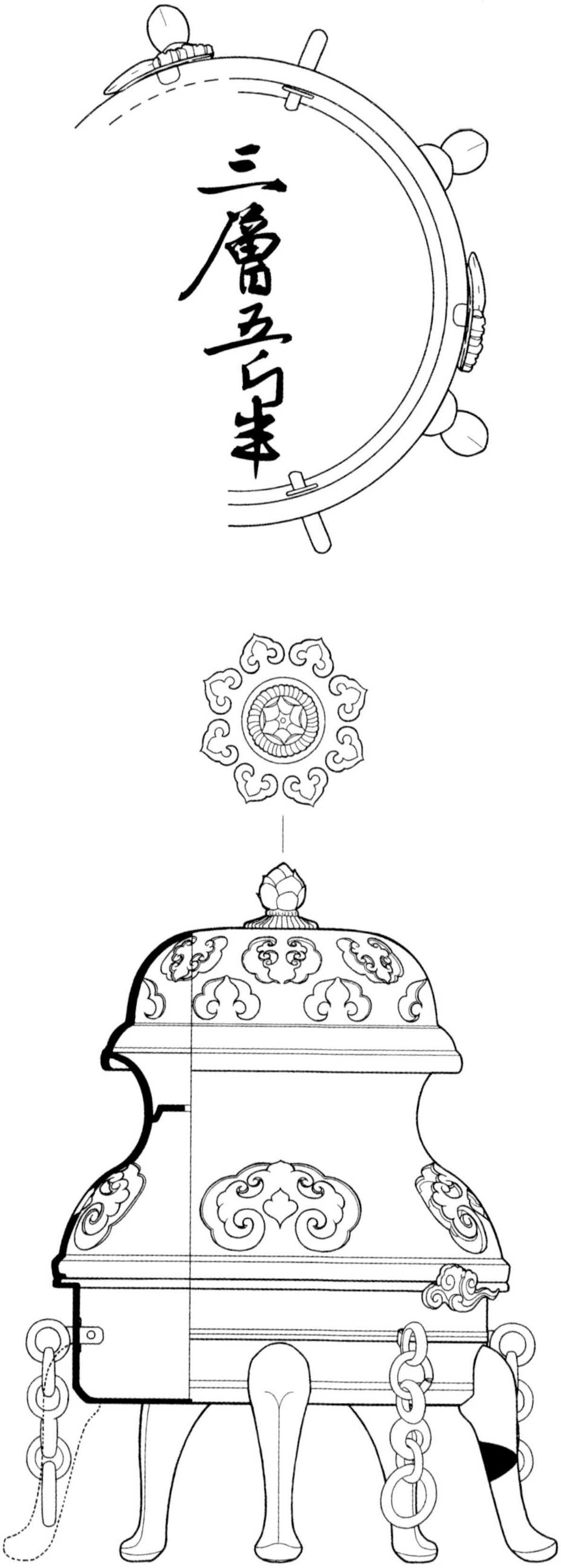

线图

— 131 —

镂空飞鸟葡萄纹银香囊

七一127
口径 4.7 厘米　焚香盂径 2.7 厘米
链长 7.5 厘米　重 36 克

锤揲制作，通体镂空，纹饰鎏金。分为内外两层，内层为纯金打制的半球体香盂，外层为镂空刻花的银球。顶部设有环链和挂钩，可以挂在车仗帷幔上或贴身佩戴。香囊内部有持平机环装置，即两个同心圆环。两个同心圆环之间以及内圆环与焚香盂之间，均以对称的短轴铆接，并将外圆环与下半球铆接在一起。两圆环均可做任意的 360° 转动。在转动时，两圆环与焚香盂都可随重力作用保持盂面与地面呈平行状态。这种持平环装置完全符合陀螺仪原理，这一原理在欧美是近代才发明并广泛用于航空、航海领域的。而中国最晚在 1200 年前的唐朝就已掌握了此原理并将之运用于日常生活中，足以证明当时中国在科学技术以及工艺制造方面取得的高度成就。

线图

132

鎏金莲花形银器

七一138
高 1.5 厘米　口径 3.5 厘米
重 73.5 克

器身为八曲花形口，整体呈花苞形。底心有孔，外焊接一弯管，由体外高过器口，上端平齐。鎏金。

鎏金菱纹银锁

七一103—114、七一299—303

长10.2—18.8厘米 宽1.3—2厘米 重28—90克

共出土17件。银锁结构相同，均由锁管、锁芯和钥匙三部分组成。锁管为中空的八棱形，从空腔的一端焊接一个U形插杆，与锁芯上的套环构成一个锁闭结构。锁芯外露部分加工成精美的花蒂形，上面錾刻忍冬卷草纹；锁芯内插在锁管中的部分为两重簧片，起到锁合的作用，用钥匙把簧片压下就可以打开。表面錾刻各种形式的菱格纹并鎏金。浇铸成型，部分结构采用焊接工艺，花纹平錾。

根据文献记载及法门寺地宫银宝函上使用的银锁看，这批银锁应是皇室用来锁合盛放贵重物品的柜橱或匣函的。同时，有的学者根据《新唐书》等文献有罽宾国于武德二年（619）朝见唐高祖并进贡『宝带、金锁、水精盏、颇黎状若酸枣』等物的记载，认为银锁为罽宾国的进贡品。

七一111

七一113

七一300

七一302

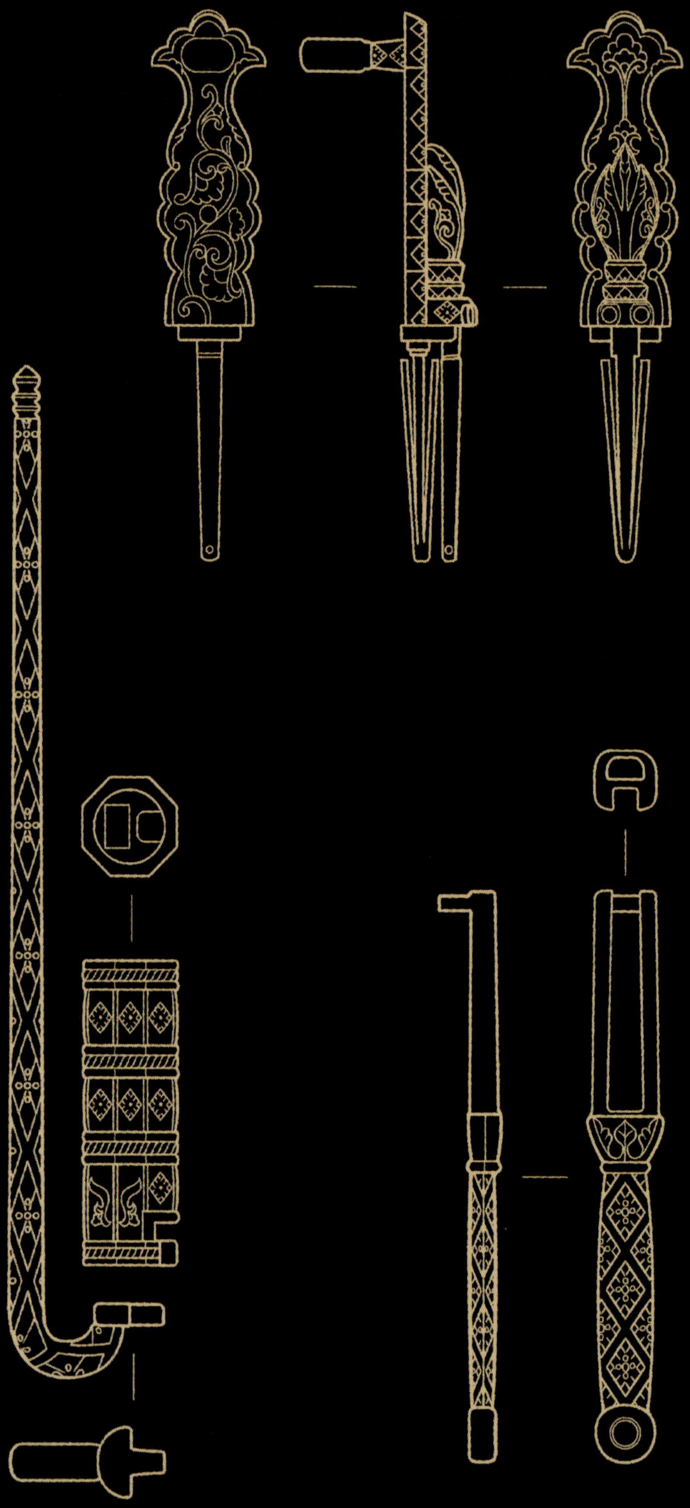

银锁结构线图

134

银锁

七一115—120

长9.6—12厘米　宽1.3—1.9厘米

重19—38克

共出土6件。与鎏金菱纹银锁结构相同，唯表面无纹饰且未鎏金。

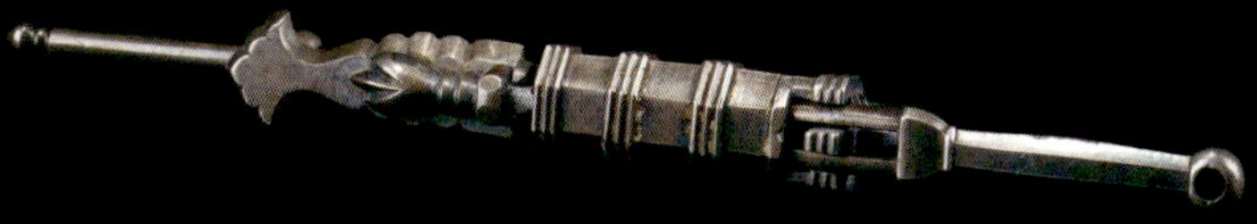

七一115

七一116

七一118

七一119

135

银钉形饰

七一147

一种长3厘米　宽2.5厘米

一种长3.4厘米　宽2.6厘米

共出土26件。分海棠形、桃形、云头形三种形状。根据何家村窖藏同出的孔雀纹盝顶银方盒（七一59）以及法门寺地宫出土的银宝函推断，银钉应是银宝函上类似锁鼻的部件或其他物品上的装饰件。

海棠形（7件）

桃形（15件）

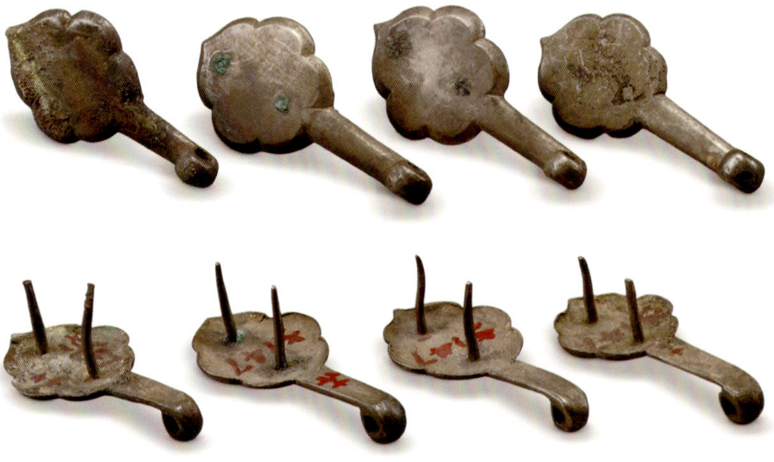

云头形（4件）

136 银铃

直径 1.5 厘米

共出土 15 件。圆球形，由两个壁厚 0.1 厘米的半球扣合而成，内置圆核。扣合处一面留有一长方形槽，个别银铃槽口处留有融化物。

137 银链

通长 8.2 厘米
重 7 克

银链呈辫状，由直径 0.15 厘米的银丝弯成，均匀细致。银链一端有圆环，一端有插接头，应为其他器物的部件。

叁

宝玉琉璃类器物

何家村窖藏中共出土 36 件（副）宝石、玉器。长期以来，唐玉出土不多，标准器少，影响了人们对唐玉风格特点的系统性研究。何家村窖藏玉器不仅数量多、品质精，而且保存好，是目前研究唐代玉器最重要的实物资料。此外，窖藏中出土的 10 副玉带，是唐代玉带最大的一次考古发现，它们不仅极大增进了人们对唐代革带使用制度的了解，而且与 16 件外来宝石、玻璃器一道更加深了今人对唐代发达的对外经济文化交流的认识。

138

蓝宝石

七—421

径1.65—2.82厘米　重3—19克

共出土4块。均为天然不规则形，透明度高，光泽亮丽，均有穿孔，可供穿系佩戴。其中一件宝石的钻孔里还残留一截铜丝。样品测定：比重V3.33（二碘甲烷），点测法测得折光率约为1.76±，正交偏光下转样品，一周可见四次明暗现象，系非均质体矿物，矿物名称为蓝宝石，英文名Sappir，拉丁文Sappina，其质地和重量属珍贵品级。蓝宝石也属刚玉矿物，刚玉化学成分为氧化铝，纯者无色，因含其他色素离子，可出现其他颜色，红色透明晶体即为红宝石，其他不论何种颜色的透明晶体，按现代宝石学中的概念，一律称为蓝宝石。出土时，与玛瑙羽觞（臼）、玛瑙长杯、白玉忍冬纹八曲长杯、水晶八曲长杯、凸圈纹琉璃碗、玉臂环以及珊瑚等共同盛放于莲瓣纹提梁银罐内（七—279）。银罐盖内有墨书记录『颇黎等十六』。颇黎，即宝石，唐人称宝石为颇黎或玻璃。据明李时珍《本草纲目》卷八引唐陈藏器《本草拾遗》云：『玻璃，西国之宝也，玉石之类，生土中。』主治『惊悸心热，能安心明目，去赤眼，熨热肿』。可见何家村窖藏出土的十多颗宝石，除用作装饰外，还可能有医药功能。

—139—

滴水蓝宝石

七一422

径2.36—3.03厘米　重12—23克

共出土3块。做滴水状。纯净透明，光泽极佳。

—140—

黄宝石

七一423

最大径5.37厘米　重119.2克

随形，核桃大小，一面被切割过，有一穿孔。透明，黄色，色较均匀，强玻璃光泽，肉眼观察可见一组完全解理和拉长管状气液包体及不透明矿物包体。经物性测定，石重119.2186克，合596.093ct（克拉），比重>3.33（二碘甲烷），点测折光率1.63±；正交偏光下转动一周可见四次明暗现象，为非均质体矿物，现代矿物学名称为刚玉（Corundum），宝石名应为黄色蓝宝石（Sapphire）。

141

玫瑰紫宝石

七一424

径 1.51—2.74 厘米　重 2—12 克

共出土 2 块。其一呈扁平的不规则形状，长 2.8 厘米，宽 2.4 厘米，重 12.5 克，上有一穿孔。其二也呈不规则形状，长 1.6 厘米，重 2.32145 克，合 11.607 ct（克拉）。有两个穿孔。物性测定：比重 V3.33（二碘甲烷）；点测法测得折光率 1.76±，正交偏光镜下转动品一周可见四次明暗现象，系非均质体矿物，矿物名称为红宝石，英文名 Ruby，拉丁文 Ruber，元素组成为 Al（Si、Cr、Fe、Ti 等），其质地与重量应属珍贵品级。红宝石属刚玉矿物，中国发现于二十世纪二十年代末，产于海南岛、江苏六合、新疆等地。所以古代红宝石当为外蕃所进。红宝石古称『红雅姑』『喇』，据考证皆语源于波斯。

142

绿玉髓

七一425

径1—1.48厘米　总重7克

共出土6块。形状各异，其中一块切割成方锥体形状，其余五块为天然形状。质地纯净温润。底部平整光滑，均无穿孔，应是其他物件上的镶嵌物。经鉴定折光率为1.52。曾定名为绿玛瑙，不确。『玉髓』（Chalcedony）的组成矿物为石英，主要成分是SiO_2，为隐晶质石英的变种之一，所含微量元素还可有Fe、Al、Ti、Mn、V等，种类包括玛瑙（Agate）、白玉髓、蓝玉髓、绿玉髓和黄玉髓（黄龙玉）五种。其中，绿玉髓由Fe、Cr、Ni等杂质元素致色，或由均匀分布的细小绿泥石、阳起石等绿色矿物致色。现代绿玉髓主要产自澳大利亚，因此又称为澳洲玉或澳玉，由Ni致色。自然界有绿玛瑙，但非常少，天然绿玛瑙鲜有颜色特别鲜艳的，多呈灰绿色，由细小的绿泥石致色。市面上的绿玛瑙多是人工染色而成的。绿玉髓中国无产，故可以肯定为外蕃所贡。

143

镶金兽首玛瑙杯

七一282

高 6.5 厘米　长 15.6 厘米　口径 5.6 厘米

器物由红、棕、白三色相杂的一整块玛瑙雕成。一端雕成杯口，口沿外有两条圆凸弦纹，杯体光滑流畅。另一端雕凿成兽首，兽首圆瞪双眼，目视前方。两个长角，粗壮有力。兽嘴部有流，为不规则扁圆形，内径最宽处 1 厘米，外径最宽处 1.4 厘米。流口外部有金盖帽，金盖后面有金插管堵住流口，插管细长中空，金盖帽雕刻成兽嘴与流口紧密相接，使杯中液体不会流出，同时给玛瑙增加了明快的色彩。此杯造型应仿自西方传统的角杯——来通，制作的材料也应来源于国外。据《旧唐书·高宗本纪》载：永徽五年（654）『十二月癸丑，倭国献琥珀、玛瑙，琥珀大如斗，玛瑙大如五斗器』。《旧唐书·波斯传》载波斯曾遣使献玛瑙床。《旧唐书·拂菻传》载：『土多金银奇宝，有夜光璧、明月珠、骇鸡犀、大贝、车渠、玛瑙、孔翠、珊瑚、琥珀，凡西域诸珍异多出其国。』可见玛瑙贡品大多来自波斯、拂菻、日本等国。出土时，与玛瑙羽觞（臼）、玛瑙长杯、白玉忍冬纹八曲长杯、水晶八曲长杯、凸圈纹琉璃杯、玉臂环、蓝宝石、滴水蓝宝石、黄宝石、玫瑰紫宝石、绿玛瑙以及珊瑚等共同盛放于莲瓣纹提梁银罐内。银罐盖内有墨书记录：『琉璃盃（杯）椀（碗）各一马（玛）瑙盃（杯）二玉盃（杯）一玉臂环四颇黎等十六珊瑚三段』。这件镶金兽首玛瑙杯，有学者认为是外来物品，年代不晚于七世纪。也有学者认为是唐代工匠模仿粟特式来通制作的，年代为八世纪前期。其用途可能是艺术品或特殊的礼器而非实用品。

144

玛瑙羽觞

七一280

长11.2厘米　宽7厘米　高4.6厘米

羽觞系用一整块红褐色玛瑙琢制而成，俯视杯口为椭圆形，两头上翘，一头稍低矮，中间下凹，圜底，形似一弯新月。内底有摩擦痕迹，说明曾经使用过。通体磨光，无纹饰。

145

玛瑙长杯

七一281

通高 3.7 厘米　口径 6.6—13.5 厘米　壁厚 0.6 厘米

长杯由酱红地夹杂黄、白色缠丝的玛瑙制成。杯体为椭圆形，有一矮圈足。通体光素无雕琢纹样，造型简洁明快，但选用的玛瑙纹理自然交错，流光溢彩，精美瑰丽，为上品玛瑙。

玛瑙在古文献中有马脑、马瑙、码碯等多种写法，很可能为外来词的音译。内地玛瑙色泽以白、黄居多，淡青其次，红色玛瑙极难见到。像长杯这样红色夹心玛瑙应产于西域。魏文帝曹丕《马脑勒赋》曰：『玉属也，出自西域，文理交错似马脑，故其方人因以名之。』《三国志》《魏书》《梁书》《周书》《隋书》也载波斯、大秦多玛瑙。《太平御览》卷八〇八『马脑』条引《玄中记》曰：『玛瑙出月氏。』可见从魏晋到隋唐时期玛瑙的产地主要在波斯、粟特等西域国家，其特征是纹理交错。

在唐代，来自西域的玛瑙，因其稀有且具有强烈的异国色彩而受到皇室贵族的青睐，玛瑙器源源不断地输入内地。《新唐书》记有开元初康国贡『玛瑙瓶』，《旧唐书》载波斯也曾遣使献玛瑙床。何家村窖藏玛瑙长杯不仅材料产自西域，其造型也源于西域。虽然我国早在汉代就有耳杯这种形制，但它两侧带双耳，而何家村窖藏所出的不带双耳。这种杯在中国发现很少，但在中亚地区却十分流行，不仅发现有较多的实物，还有许多胡人执长杯的图像。例如，在中亚撒马尔罕片吉肯特粟特壁画中便有持长杯的人物。何家村窖藏出土的白玉伎乐狮纹带銙中的一枚圆首矩形銙、一枚鉈尾上就有胡人持长杯的纹样。

内壁

外壁

叁 宝玉琉璃类器物

307

Precious Stone, Jade, Glass Objects

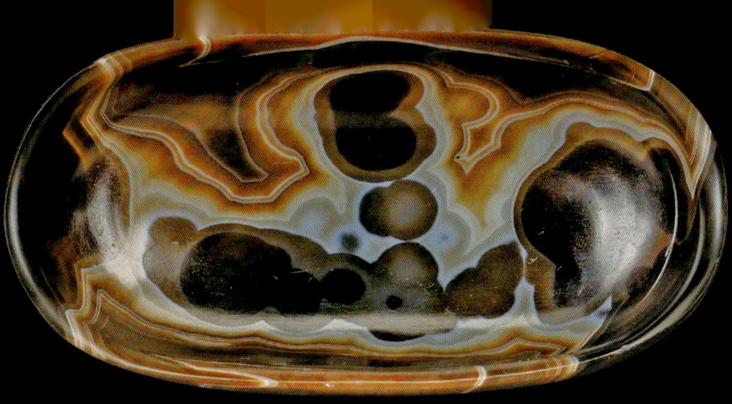

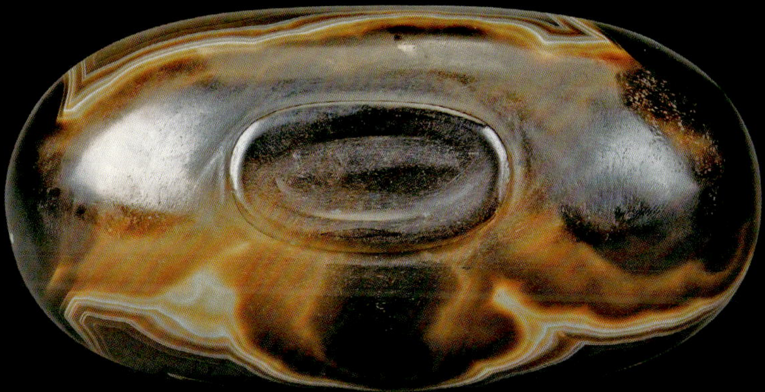

146

白玉忍冬纹八曲长杯

七一283
高3.8厘米　长径10.1厘米
短径5.5厘米　壁厚0.05厘米

长杯由和田白玉制成。八曲椭圆形杯体，深腹，下附压腰形矮圈足。口沿较薄。外腹凹凸分明，外腹壁装饰有尖叶忍冬卷草纹。从杯口至杯底，器壁逐渐增厚。出土时置于莲瓣纹提梁银罐（七一279）内，银罐盖内以墨书注明所贮物的名称为『玉杯一、玛瑙杯二、琉璃杯碗各一、珊瑚三段、颇黎等十六段、玉臂环四』。罐内别的物件均比照相符，蓝红宝石等与『颇黎等十六段』相契合，『玉杯一』即白玉忍冬纹八曲长杯。和田玉不仅因质优稀少而难得，还被认为有特殊的功能而用作『饵玉』，即轻身羽化、延年益寿的药品，唐代宫廷用其制作饮食器具应该也有上述考虑。

内壁

外壁

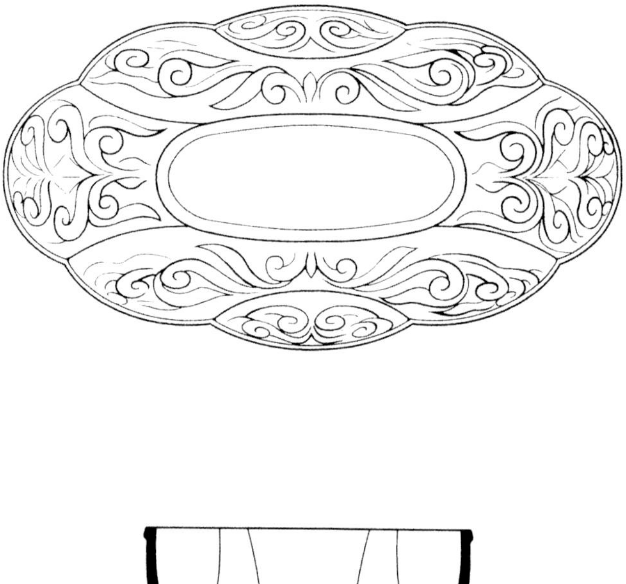

线图

147

水晶八曲长杯

七一284

高 2.9 厘米　长径 9.5 厘米　短径 5.5 厘米

壁厚 0.1 厘米

椭圆形杯体，有八个横向分层式的曲瓣，底部为椭圆形矮圈足，外壁光素无纹。出土时置于莲瓣纹提梁银罐内，银罐盖内以墨书注明所贮物的内容为『玉杯一、玛瑙杯二、琉璃杯碗各一、珊瑚三段、颇黎等十六段、玉臂环四』。罐内别的物件均比照相符，蓝红宝石等与颇黎十六段相契合，凸纹琉璃碗、水晶八曲长杯与『琉璃杯碗各一』相对应。

水晶是一种无色透明的石英晶体，古称『水精』『水玉』『千年冰』等。古人不了解水晶是天然矿物而误为千年冰。有趣的是唐代玻璃也被认为是『千年冰所化』，可见唐代水晶可能有时也归为玻璃之类。墨书上将水晶杯题为琉璃杯，反映了当时有以琉璃冒充水晶的状况。《新唐书·西域传》载：武德二年吐火罗『遣使献水精杯』，唐玄宗开元六年康国『遣使献水精杯』。但鉴于中亚没有同类水晶质地的器物发现，且其成形、掏膛技术与白玉杯相同，原料可能来自西方，器形虽为萨珊式，但仍为唐代工匠所做。经检测，水晶八曲长杯的主要成分是 SiO_2，元素组成为 Si（Mg、Al 等）。

内壁

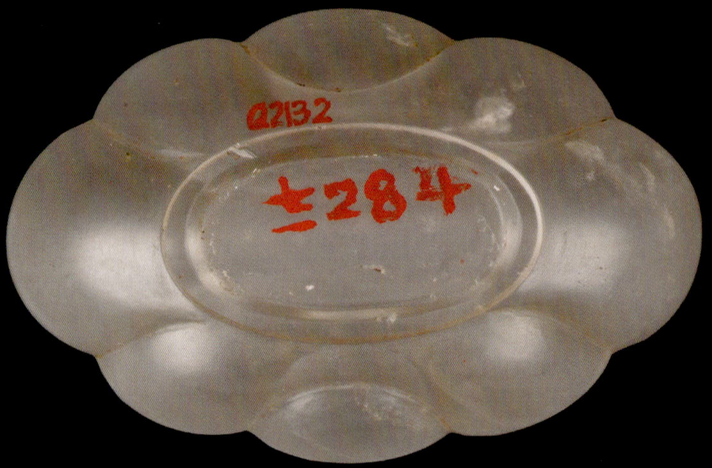

外壁

148

凸圈纹琉璃碗

七一285

高9.5厘米　口径14.3厘米　底径10.3厘米

侈口、直壁略斜、平底。口沿外翻成圆唇，下有一圈凸起的弦纹，腹部有八组圆环纹装饰。碗体透明度较高，颜色略泛黄绿色。碗腹的圆环纹饰采用粘贴琉璃条技术，装饰效果呈凸起的网格状，是将高温烧熔的琉璃条挑出，趁热贴压在碗身上，冷却后形成的效果，属于热加工装饰工艺。粘贴琉璃条作为装饰，早在罗马琉璃器皿中就已经出现。萨珊时代的琉璃工匠将这一技术继承并发扬光大。中国古代的琉璃制造工业并不发达，唐朝以前出土的琉璃器皿大多是域外的输入品。这件凸圈纹琉璃碗的造型在唐朝器皿中极为少见，无疑是外来输入品，应是一件萨珊琉璃器。经MicroXRF和P-XRF检测仪检测，凸圈纹琉璃碗为高钾的钠钙硅酸盐玻璃（Na_2O-CaO-SiO_2，hi K_2O），与新疆和田塔古寨遗址采集的凸环纹玻璃片均属中亚玻璃。

149

九环白玉蹀躞带銙

七一141—146

方銙：长3.2厘米 宽2.9厘米 厚0.3厘米

附环：长径2.9厘米 短径2.6厘米

厚0.3厘米

柿蒂纹方銙：边长3厘米 厚0.3厘米

有孔尖拱形銙：底边长3厘米

高3厘米 厚0.3厘米

圆首矩形銙：长5.5厘米 宽3厘米

厚0.3厘米

玉带扣：长径4厘米 短径2.9厘米

厚0.3厘米

圆首矩形鉈尾：长8.6厘米 宽3厘米

厚0.3厘米

偏心孔环：直径2.7厘米 厚0.2厘米

九环白玉蹀躞带銙中有各套接一玉环的方形玉带銙9枚、雕镂柿蒂纹方銙2枚、偏心孔环8枚、有孔尖拱形銙3枚、圆首矩形銙1枚、圆首矩形鉈尾1枚、带扣1枚，共计25件套。出土时除带扣外，每个构件上还附有金钉和鞓，可断定为使用物，是从革带上卸下后窖藏的。

以皮革制成的腰带称革带。通常以宽阔的皮条为之，端首缀以钩鐍，使用时系束在礼服之外。制出商周，汉魏时沿用。唐代以后带钩被铰具（带扣）替代。蹀躞带是一种缀以垂饰的革带，带身钉有若干枚带銙，銙上备有小环，环上套挂若干小带，以便悬挂各种日常用具。初用于西域游牧民族，便于乘骑，后传入中原。《旧唐书·舆服志》载，武官五品以上腰带所系什物有小刀、算袋、针筒、砺石等七种，名『蹀躞七事』。开元二年（714）禁令，将『蹀躞七事』类佩饰一律取消，但蹀躞带的形制却被保留了下来。镶有带銙和带扣的钩络带成为主流，以垂直于革带的蹀躞带饰为特色。革带以镶嵌物的质地和多少显示主人的身份和地位。用环数的多少表示地位的尊卑最迟已在北周时形成了。隋代常服规定贵臣服九环带，天子则服十三环带。武德四年（621），唐高祖对此进行了改革，有『唐革隋政，天子用九环带，百官士庶皆同』之说，同时规定『衣服之令，上得兼下，下不得拟上』。对于带饰的质地，唐王朝曾规定，天子、亲王、三品以上用玉銙，五品以上用金銙，六、七品用银銙等。可见，此带饰为皇帝、亲王或三品以上官员使用无疑。有学者分析了此带銙的结构和特点，认为其与北周玉带特征极其相似，具有长期使用过的痕迹，应是北周旧物，作为传世品最终为唐中央政府所收藏。这副玉带，玉质细腻洁白，温润如羊脂，应是用于阗玉制作的。

柿蒂纹方銙

带环方銙

带扣

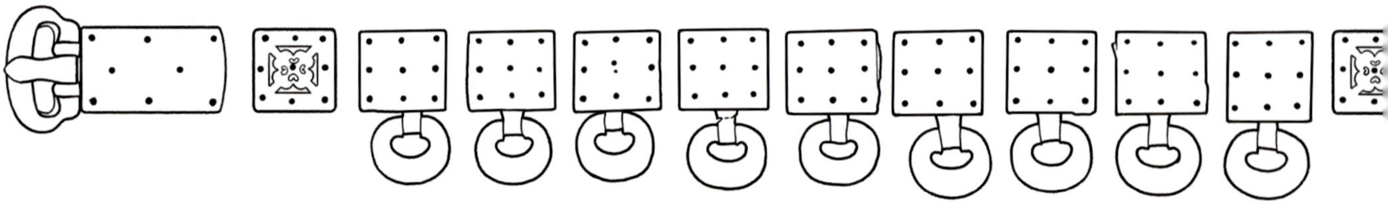

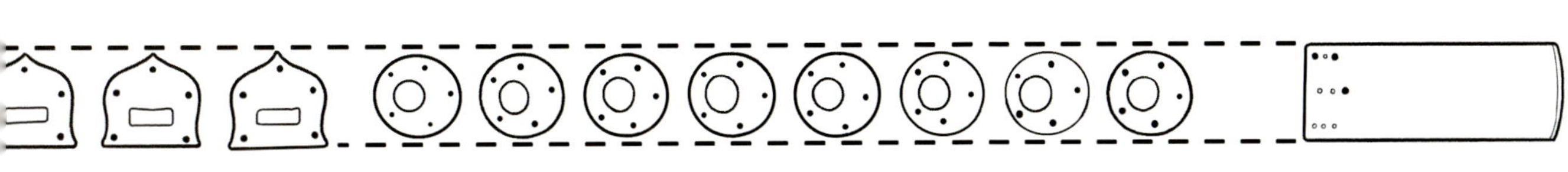

九环白玉蹀躞带銙复原线图

— 150 —

狮纹白玉带銙

七一219附一
圆首矩形銙：长4.8厘米　宽3.8厘米
厚0.7厘米
方銙：长3.8厘米　宽3.6厘米
厚0.6厘米
铊尾：长4.8厘米　宽3.2厘米
厚0.94厘米

玉带銙是革带上的玉饰片，一条完整的革带应由鞓、銙、铊尾和带扣四部分组成。銙最初的用途是受环以悬物，后来逐渐演变成纯粹的装饰品。唐代革带上的带銙质地有玉、犀、金、银、鍮石、铜、铁等多种，从文献记载看，虽然唐代三品以上的官员金玉带皆可服，但唐人更重视玉带，因而玉带便成为唐人服带的最高等级。

何家村窖藏出土玉带共10副，是唐代玉带最大的一次考古发现。除九环白玉蹀躞带銙外，其他9副分别放置在4件银盒内，盒内均有墨书题记，记载了玉带的名称、形制和组成数量。由此可知，唐人对玉器定名的主要方法，有纹样的称为『碾文』，有用产地定名的，比较普遍的是用玉色定名，如白玉、斑玉、更白玉、深斑玉等。玉带銙的背面多有象鼻孔，可用银丝穿孔固定于革带上。但何家村窖藏出土的玉带中，有的带銙背面没有打孔，无法固定，似为未完成品。

狮纹白玉带銙：1副16件，由13枚方形玉带板、1件狮纹圆首矩形銙（置于带扣之后）、1件狮纹圆首矩形铊尾、1件玉带扣，共16件组成。在15块带板上碾琢了俯卧、行走等姿态各异的狮子15头，其中12头造型相同，方向相反。玉带板边缘较厚，无棱线，中间凸雕一头狮子，再以阴线勾勒出狮子的细部，狮子神态不一，显示出唐代工匠们的高超技艺。

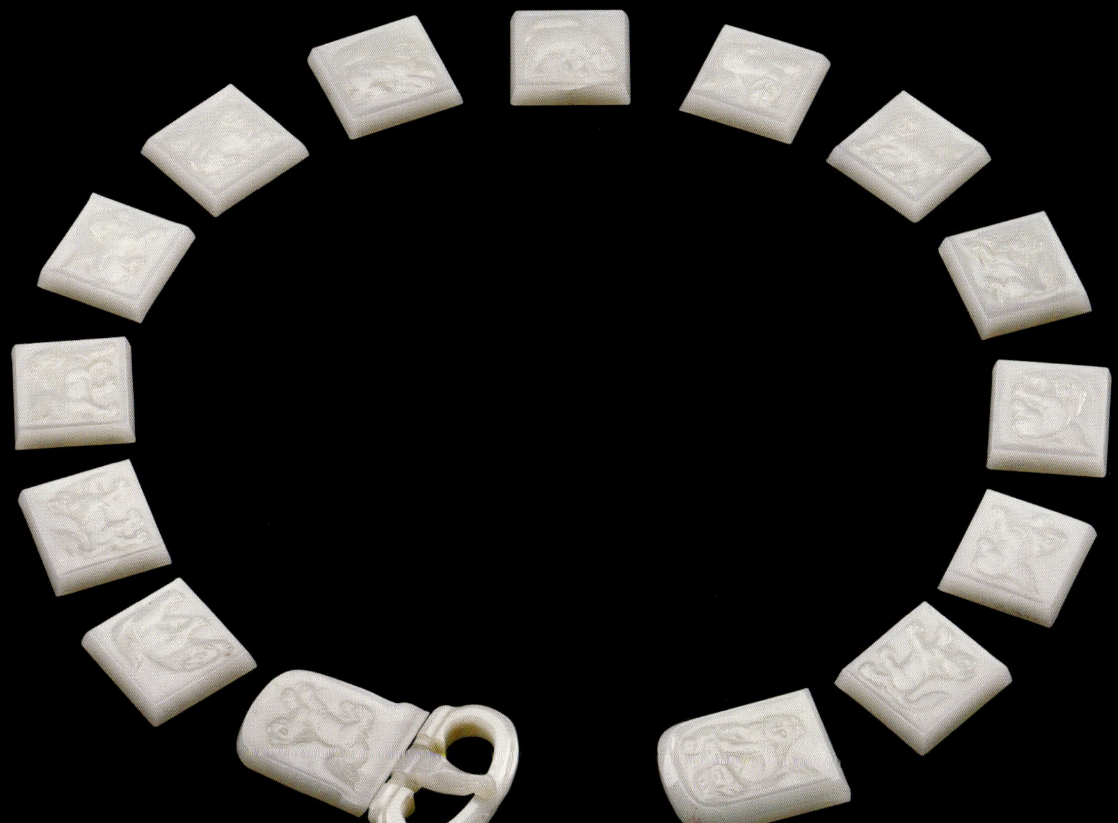

叁 宝玉琉璃类器物
317
Precious Stone, Jade, Glass Objects

狮纹白玉带饰

狮纹白玉带饰线图

151
斑玉带銙

七一219附二

半圆形銙：长3.8厘米　宽2.9厘米

厚0.6厘米

方銙：长4厘米　宽3.6厘米

厚0.6厘米

圆首矩形銙：长4.8厘米　宽3.6厘米

厚0.7厘米

鉈尾：长4.8厘米　宽3.6厘米

厚0.7厘米

带扣环：长径5.2厘米　短径3.1厘米

扣针长3厘米

1副16件，由4件方形玉带板、9件半椭圆形带板、1件圆首矩形玉带板、1件鉈尾和1件带扣组成。青玉质内有云雾状墨斑，光素无纹，抛光细腻。出土时，与光明紫砂一同放置在一素面银盒（七一219）内。

方銙

半圓形銙

带扣

圓首矩形銙

152 白玉有孔带銙

七一219 附三
半圆形銙：长 4 厘米　宽 3 厘米　厚 0.5 厘米
方銙：长 4 厘米　宽 3.6 厘米　厚 0.5 厘米
圆首矩形銙：长 4.6 厘米　宽 3.6 厘米　厚 0.45 厘米
铊尾：长 5 厘米　宽 3.8 厘米　厚 0.7 厘米

1 副 16 件，由 4 件方形玉带板、9 件半圆形玉带板、1 件圆首矩形玉带板、1 件铊尾和 1 件带扣组成，其中方形和半圆形带板上均有一个长 2.2、宽 0.7 厘米的长方形古眼。白玉质，微透明，光素无纹。古眼即带銙下部的穿，用以系蹀躞，此名称见宋王得臣《麈史》卷上。此类銙曾见于辽宁朝阳贞观九年（635）张秀墓中；在山西平鲁屯军沟窖藏中，此式金銙与乾元元年（758）金铤同出，可见其流行的时间涵盖了七世纪后期与八世纪前期。据孙机先生考证，此类銙带曾在南西伯利亚科比内突厥墓内出土，带有突厥文化色彩。此銙出土时，与光明紫砂、狮纹白玉带銙、斑玉带銙一同放置在一素面银盒（七一219）内。

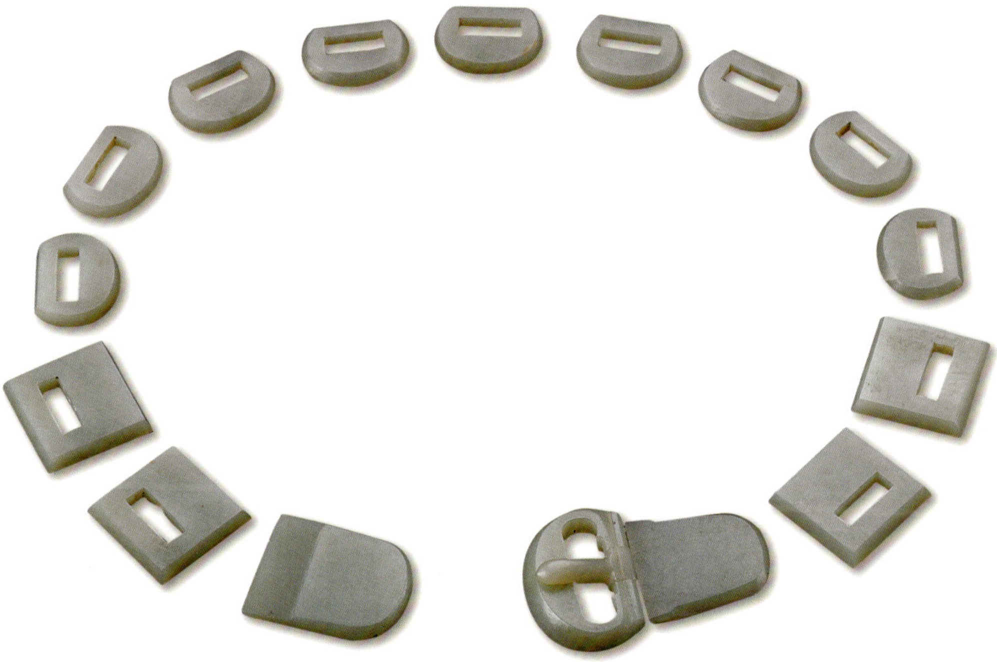

153

白玉纯方带饰

七一220附一

圆首矩形銙：长4.7厘米　宽3.6厘米　厚0.5厘米

方形銙：长3.8厘米　宽3.6厘米　厚0.5厘米

铊尾：长4.8厘米　宽3.6厘米　厚0.7厘米

1副15件，由13件方形玉带板、1件圆首矩形玉带板、1件铊尾组成。白玉质，半透明，光素无纹。出土时，与光明碎红砂、深斑玉带銙、骨咄玉带銙一同放置在一素面银盒（七一220）内。

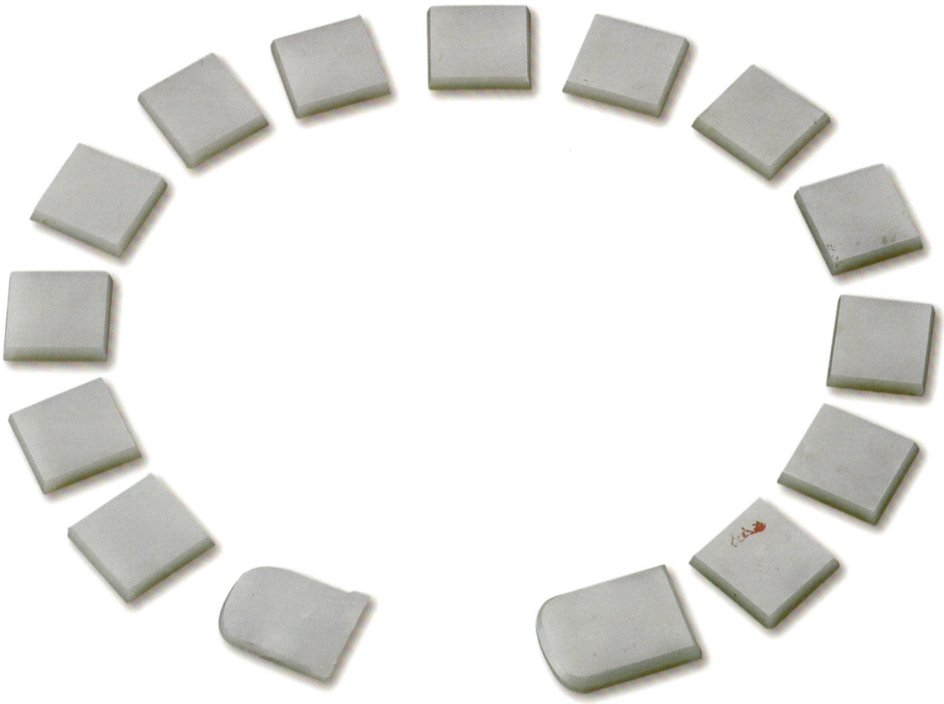

154

骨咄玉带銙

七一220附二
圆首矩形銙：长4.6厘米 宽3.5厘米 厚0.5厘米
方形銙：长4.7厘米 宽3.5厘米 厚0.6厘米
半圆形銙：高2.6厘米 宽3.6厘米 厚0.5厘米
鉈尾：长4.7厘米 宽3.5厘米 厚0.6厘米

1副16件，由4件方形玉带板、9件半圆形玉带板、1件圭形玉带板、1件鉈尾和1件带扣组成，总重246.8克。玉质青绿，杂有黑色和淡黄色斑点。比重远小于3.33（二碘甲烷），综合折光率约1.60—1.62，推测为透闪岩类，即软玉。骨咄国为西突厥的一支，又称珂咄罗，帕米尔高原西部的小国，相当于今塔吉克斯坦和阿富汗之间的喷赤河一带。《册府元龟》卷九七一载，骨咄国分别在开元十七年、开元二十一年、天宝五载、天宝九载等几次向唐王朝贡马。出土时，与光明碎红砂、白玉纯方带饰、深斑玉带銙一同放置在一素面银盒（七一220）内。为目前唯一一例由唐人明确标示『骨咄玉』的物品。也有学者认为此玉带也许就是唐高祖武德二年罽宾国进贡物品中的『宝带』。

155

深斑玉带銙

七一220附三
圆首矩形銙：长4.3厘米　宽3.6厘米
厚0.65厘米
方形銙：长3.9厘米　宽3.5厘米
厚0.65厘米
半圆形銙：长3.8厘米　宽2.9厘米
厚0.65厘米
铊尾：长4.8厘米　宽3.6厘米
厚0.85厘米

1副16件，由4件方形玉带板、9件半圆形玉带板，圆首矩形玉带板、铊尾和玉带扣各1件组成。玉质黑白相间，光素无纹。出土时，与光明碎红砂、白玉纯方带饰、骨咄玉带銙一同放置在一素面银盒（七一220）内。

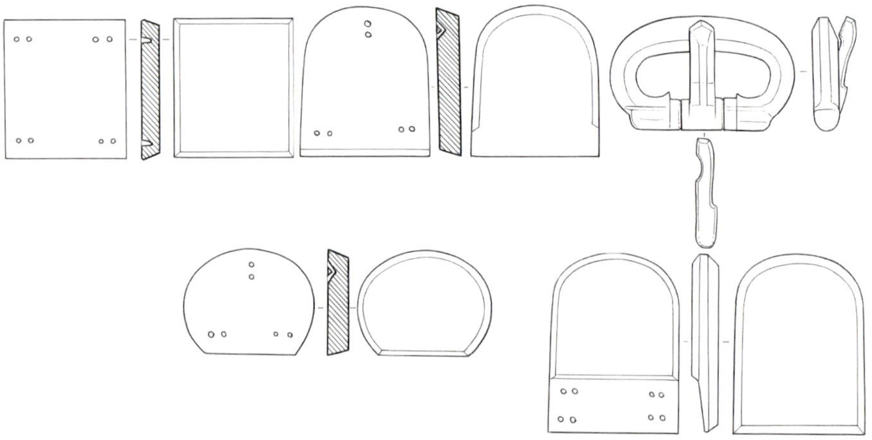

线图

156

伎乐纹玉带銙

七一221附一

圆首矩形銙：长4.8厘米 宽3.8厘米 厚0.5厘米

半圆形銙：长4厘米 宽3厘米 厚0.5厘米

方銙：长4.8厘米 宽3.8厘米 厚0.5厘米

鉈尾：长4.98厘米 宽3.8厘米 厚1.0厘米

1副16件，由10件半圆形玉带銙（1件銙为狮纹，可能不属于此副玉带銙）、4件方形玉带銙、1件圆首矩形銙和1件鉈尾组成。玉质洁白细腻，上带酥光。每一块玉带板正面以浅浮雕加饰阴线纹琢刻成奏乐胡人形象，肩披飘带，身着短衣，足穿尖靴，或跪或坐，或奏乐，或歌舞，或饮酒，或献物，神态逼真、生动。出土时和更白玉带板一起放置在一素面银盒（七一221）内。

线图

157

更白玉带板

七一221附二

圆首矩形銙：长4.8厘米　宽3.8厘米　厚0.7厘米

方形銙：长3.8厘米　宽3.6厘米　厚0.6厘米

半圆形銙：长4厘米　宽3厘米　厚0.5厘米

鉈尾：长4.8厘米　宽3.2厘米　厚0.94厘米

1副15件，由4件方形玉带板、9件半圆形玉带板、1件圆首矩形玉带板、1件鉈尾组成。纯白玉质，平面透明，润泽洁白，如冰似雪，平素无纹。出土时，与红光丹砂、伎乐纹玉带銙一同放置在一素面银盒（七一221）内。

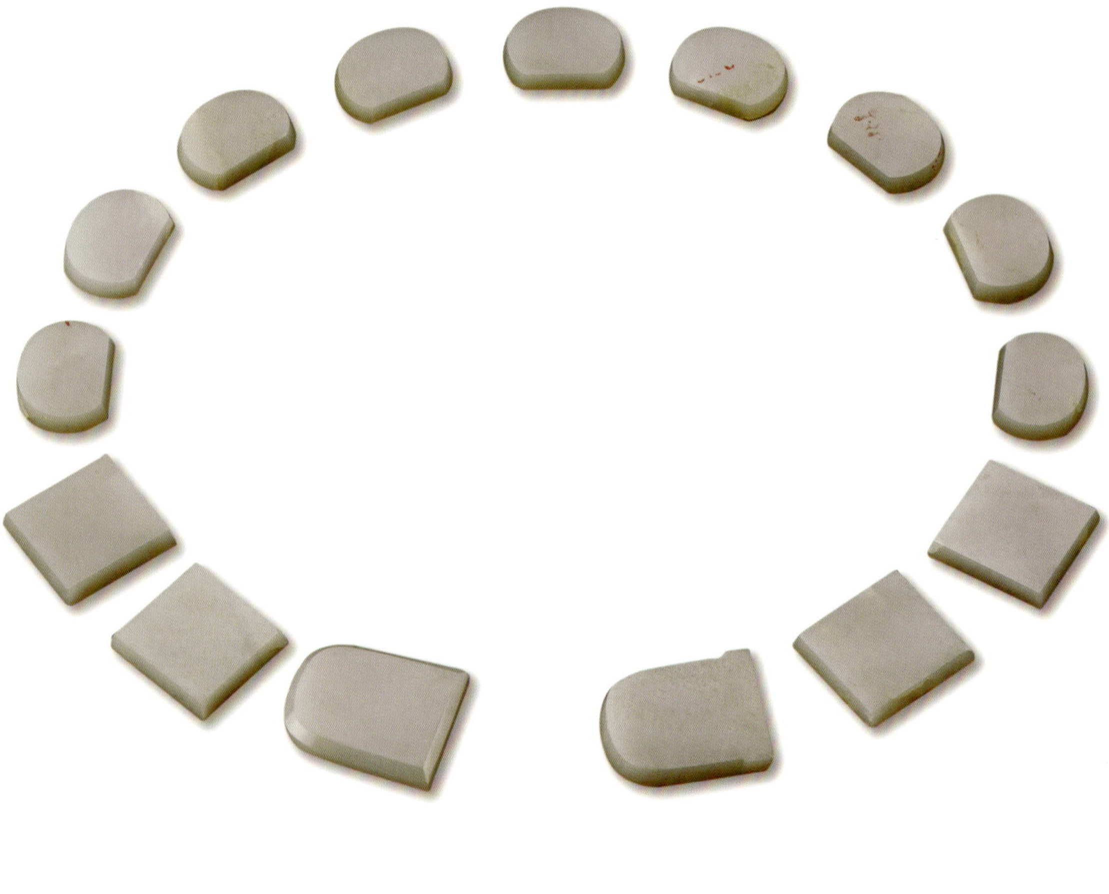

— 158 —

白玛瑙带饰

七一222附一

圆首矩形銙：长4.5厘米　宽3.6厘米　厚0.65厘米

方形銙：长3.8厘米　宽3.6厘米　厚0.65厘米

半圆形銙：长3.8厘米　宽2.9厘米　厚0.65厘米

鉈尾：长4.7厘米　宽3.6厘米　厚0.8厘米

1副15件，由4件方形带板、9件半圆形带板、1件圆首矩形带板及1件鉈尾组成。白玛瑙琢制，内有一条条透明和白色的条纹交错相间。表面光洁，无纹饰。古代以带为端首的革制腰带称钩络带，常以金玉宝石为之，部分装有铰具式扣针，以便将革带两端钩连固结，有铰具者，亦称『校（铰）带』。铰具即将革带两端钩连的活动扣针。出土时，与大粒光明砂、『开元通宝』金钱、素面金盒以及金钗一同放置在一素面银盒（七一222）内。

159

包金玉臂环

七一418

外径 8.4 厘米　内径 6.5 厘米　宽 2.1 厘米

壁厚 0.6—0.8 厘米

一对。形制基本相同。均由等长的三段弧形白玉组成，外侧雕琢成圆润的凸棱状，每段白玉两端都包以黄金兽头，用金钉铆接。两兽头之间以金合页横向插合后，再以金长钉竖向插合固定。包金用金片锤揲、剪裁而成，正面为虎头两两相对形状，虎头高低起伏，虎口大张，露出龇牙，呈狰狞状；背面为光素的如意头形状，每端以两个金铆钉固定。出土时，与镶金兽首玛瑙杯、玛瑙羽觞（臼）、玛瑙长杯、白玉忍冬纹八曲长杯、水晶八曲长杯、凸圈纹琉璃杯、蓝宝石、滴水蓝宝石、黄宝石、玫瑰紫宝石、绿玉髓以及珊瑚等共同盛放于莲瓣纹提梁银罐内。银罐盖内有墨书记录：『琉璃盃（杯）椀（碗）各一马（玛）瑙盃（杯）二玉盃（杯）一玉臂环四颇黎等十六珊瑚三段。』

线图

叁、宝玉琉璃类器物

331

Precious Stone, Jade, Glass Objects

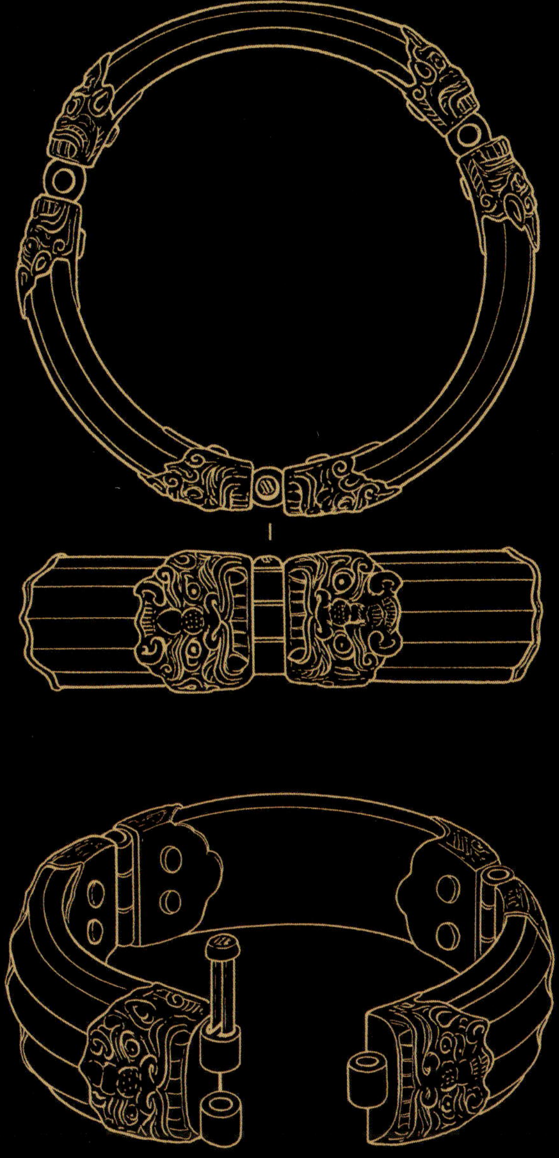

160

铜鎏金宝钿玉臂环

七一419

外径 8.2 厘米　内径 6.6 厘米　宽 2.2 厘米

壁厚 0.55—0.72 厘米

一对。形制基本相同。均由三段弧形白玉连接而成。白玉外侧琢磨出四条宽凹棱，中起脊线。三段白玉的衔接处，两头均以鎏金铜饰包接，其中有两处为相对的虎头形状，虎鼻口处各镶 1 枚大宝石，眼睛各镶 1 对小宝石，且以合页相连接；而另一处则以一整片鎏金铜片将端口包死，正中镶嵌一枚大宝石，四角分别镶嵌一枚小宝石，应属于宝钿工艺。

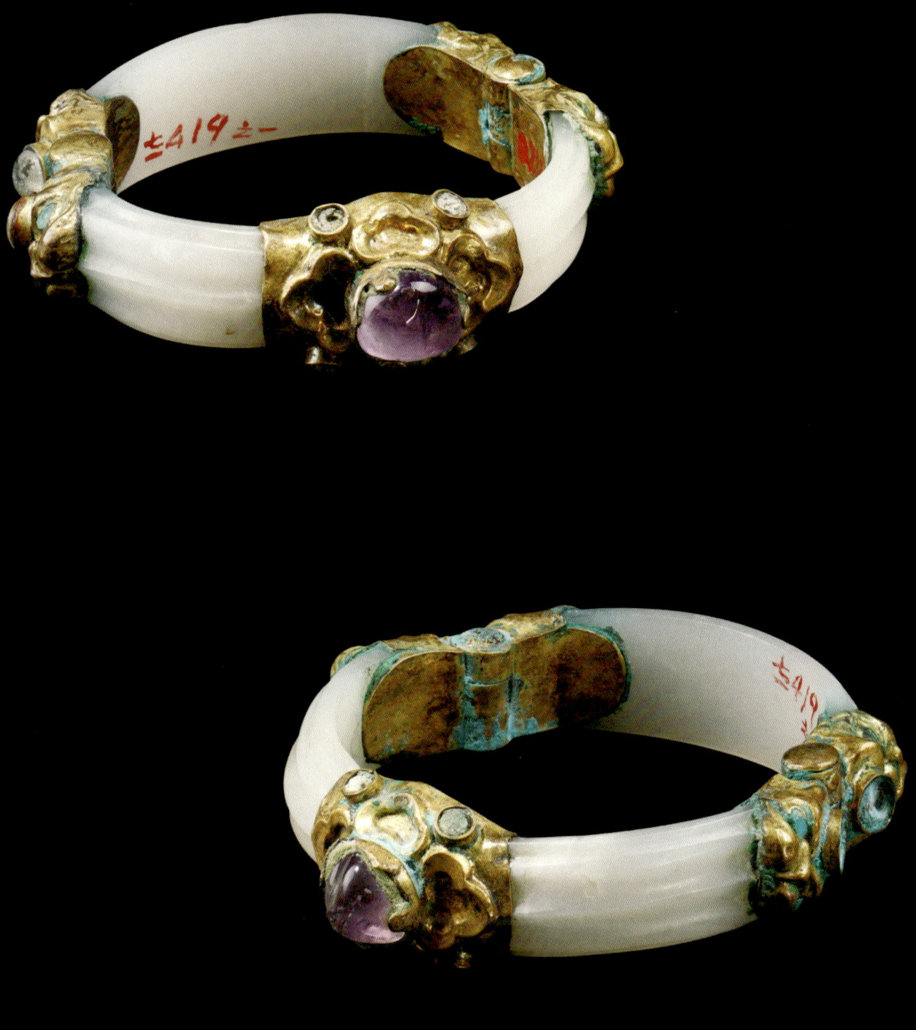

叁 宝玉琉璃类器物
333
Precious Stone, Jade, Glass Objects

161

玉杵

七一304

长11.5厘米 宽7.3厘米 厚4厘米 重564克

研药器具。白玉质，温润光滑，上有黄褐色斑块。长条扁体，两头呈圆弧状。唐代传奇中，有用玉杵捣药可以使人长寿成仙的故事。唐德宗时派内给事到于阗求玉购宝，其中就有3件于阗玉杵。

162

方形青玉

七一305
长11厘米 宽9.5厘米 高7.2厘米
重2350克

形状呈十分规则的立方体，淡绿色，表面极为细腻光滑。经鉴定，折光率为1.52—1.58，属蛇纹石类玉石的岫青玉。为用于加工玉饰的原料。

肆

货币类遗物

何家村窖藏中有大量的货币，共计 40 余种 590 多枚（件），材质有金、银、铜鎏金、铜四种，时代上自战国，下讫唐代，时间跨度达千余年，唐以前的每个时代几乎都有代表，同时还囊括了当时周边及西方国家的主要货币。此外，这批货币不仅有前朝的流通货币，还有当朝人制作的仿制品以及具有特殊用途的金银『开元通宝』等非流通货币。如此丰富品种的古代钱币汇集于一个窖藏，这是钱币考古上的第一次。它们和数量众多的皇家金银器、玉石器存放在一起，更显示其特殊的地位与用途。

163

『开元通宝』金钱

七一237—266

直径 2.14—2.5 厘米　厚 0.15 厘米

重 6.32—8.36 克

圆形方孔。正面隶书『开元通宝』四字，钱文端庄劲秀。背面光素无纹。字迹清晰，制作规整，无使用磨损痕迹。共出土 30 枚。出土时存放在盛『大粒光明砂』银药盒中，银盒上有墨书题记『真黄钱』。经扫描电子显微镜对其中五枚『开元通宝』金钱的成分抽样检测，每枚金钱成色各异，含金量为 81.6%—94.36%，其余成分为银、铜、铁等的混合物。

『开元通宝』金钱不是流通货币，而是用于宫廷赏赐、庆吉活动。从文献记载看，唐朝宫廷中与金银钱有关的赏赐、庆吉、游戏等活动多流行于唐玄宗时期。从与『开元通宝』金钱同时出土的大量金银器皿分析，何家村窖藏文物属宫廷用品，金银钱的形制特点也与早期『开元通宝』铜钱相同。因此，这批『开元通宝』金钱很可能是玄宗朝遗物。

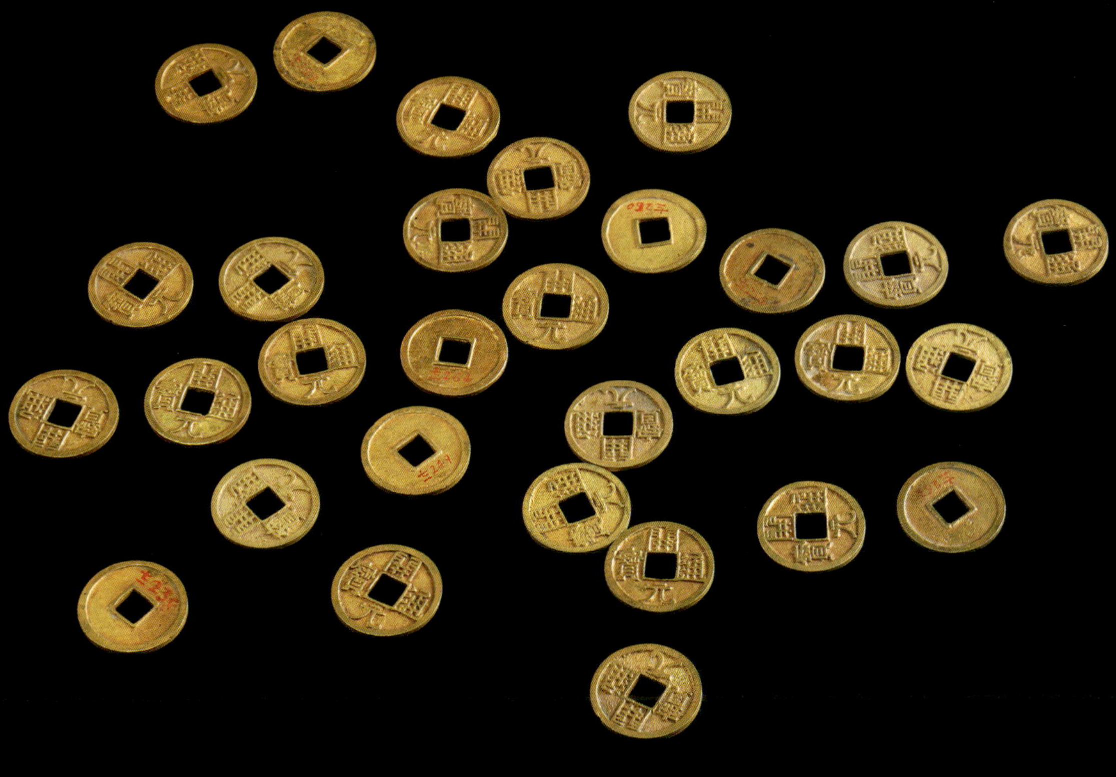

164

东罗马赫拉克利留斯金币

七一397

直径 2.12 厘米　厚 0.13 厘米　重 4.6 克

金币正面为头戴王冠、肩披甲袍的国王半身像。左侧为赫拉克利留斯一世，右侧是他的儿子，背面四级台座上有末端刻有『西』字形的十字架图案，周围边缘有铭文。

公元 395 年，罗马帝国分裂成东西两部分，西罗马帝国于 476 年灭亡，东罗马帝国直至 1453 年被奥斯曼土耳其人所灭。赫拉克利留斯原本是非洲总督的儿子，为地方显贵，610 年登上东罗马帝国皇位（610—641 年在位），建立了赫拉克利留斯王朝。这枚东罗马金币当属赫拉克利留斯一世时期铸造。在丝绸之路沿线，东罗马金币时有出土。在六至七世纪的高昌地区，它既可作为信物，也可作为一种国际贸易的标准货币，同时也是随葬衣物疏中用来祈求冥福的重要冥财。现已发现的东罗马金币，有的两端各有一孔，用以缝合在衣物上；有的仅上端有孔，用作挂在身上的佩饰；有的则用作死者手握或口含，属一种特殊葬仪，有辟邪护佑的功能。何家村窖藏出土的这枚金币无孔眼，周缘有剪边，可能最初为流通货币，后来成为赏赐品或收藏品。也有学者认为，作为『护身符』的东罗马金币，因需求量极大，正品供不应求，因而其为唐代工匠的仿制品。

165

『开元通宝』银钱

七一396　421枚

直径2.5—2.6厘米　厚0.2厘米　重6—6.5克

唐代铸币。共出土421枚。正面楷书『开元通宝』，制作规整，字迹清晰，有的背面有月牙纹。从个别『开元通宝』银钱上残留的范痕看，应是浇铸法铸造成型后再打磨光滑。表面无人工使用痕迹。『开元通宝』银钱和『开元通宝』金钱一样，不是流通货币，主要用于宫廷赏赐、喜庆活动。唐人韩偓《金銮密记》记载，天复二年（902）昭宗在岐州时，皇女诞生三日，『赐洗儿果子、金银钱、银叶坐子、金银铤子』。

— 166 —

波斯库思老二世银币

七 | 398

直径 3.1 厘米　厚 0.09 厘米　重 3 克

圆形薄片，周缘经剪切，不规整。正面有波斯国王库思老二世右侧半身像。国王头戴王冠，冠顶有翼翅和雉形饰物，两侧有钵罗文王名，铭文转写为『HARMAN AFZUT HUSRVT』，译意为『命运、昌盛、库思老』。背面中央有点状堆积的火焰纹和台基组成祆教拜火祭坛，两侧各有仗剑侍立的祭司，祭司两侧分别有纪年铭文和铸造地点，周围有三圈联珠纹外框，框外缘有新月抱星纹饰。

波斯位于欧亚大陆之间，在安息王朝时代就已开始同中国往来。226年，阿尔达希一世推翻安息王朝，建立萨珊王朝，开始铸造萨珊式银币。库思老二世（590—628），即《隋书·西域传》提到的波斯王库萨和，后来因残暴被杀。中国境内发现的波斯银币总数达 1900 多枚，从六世纪末到七世纪末的一百年，波斯银币作为一种流通货币曾在西域地区广泛使用，既用作丝绸、良马、香药等国际交易的货币，也用作葬仪（口含、覆眼）、宝物、贡物或配饰。

167

『和同开珎』银币

七一399
直径 2.3—2.33 厘米　厚 0.17 厘米
重 5—5.9 克

日本奈良王朝元明天皇铸币。共出土 5 枚。钱文隶书，『同』为『铜』，『珎』为『寳』的省略写法。郭沫若先生认为『和同开珎』是日本奈良王朝元明天皇和铜元年（708）仿效中国唐代『开元通宝』钱铸造的货币。和同二年废，并推定入中国的绝对年代为唐开元四年（716），是作为『贡品』进入中国的，其中一枚（七一399之二）现存中国国家博物馆。

168

『怀集庸调』银饼

七一306
最大径 10.8 厘米　厚 0.3—0.8 厘米
重 422 克

唐代银饼。呈圆饼形，浇铸成型，表面有锤揲痕迹。正面錾文『怀集县开十庸调银拾两专当官令王文乐典陈友匠高童』。『开十』当为『开元十年』之省文。左下侧有一圆形补疤，应为校定重量所补加。

『洊安庸调』银饼

七一307—309

最大径 9.6 厘米　厚 0.38—0.8 厘米

重 428 克

浇铸成型，正面平整，背面呈中部厚、边沿薄的锅底形，有一些浇铸时包含气泡所形成的凹坑。共出土 3 件。两件錾文相同：『洊安县开元十九年庸调银拾两专知官彭崇嗣典梁海匠王定。』另一件银饼的铭文只是最后三字不同，为『匠陈宾』，背部也有刻铭『陈宾』。洊安县在唐时属于岭南道广州，故治在今广东省怀集县西。

庸调银饼是唐代的赋税银。唐代在实行『两税法』之前，实行的是『租庸调制』。据《旧唐书·食货志》载：成丁的农民『每丁岁入租粟二石，调则随乡土所产，绫绢絁各二丈，布加五分之一。输绫绢絁者，兼调绵三两，输布者，麻三斤。凡岁役二旬，若不役，则收其庸，每日三尺』。当时庸调都是缴纳布匹，不用银。但是《旧唐书·食货志》和《唐六典》都记载，在开元、天宝年间『凡金银宝货绫罗之属皆折庸调以造焉』。也就是说金银珠宝都可以替代庸调缴纳的布匹。当时有把庸调所收的布帛专门折变成金银珠宝等『轻货』，然后运输到京城国库，称为『变造』。所以这三块标明开元十九年（731）的庸调银饼，正是岭南道洊安县用庸调布帛变换成白银，并冶铸成重量标准的银饼输入国库的。錾文内容，既印证了文献有关诸州庸调银及折租等物上缴京师、贮藏中央国库的记载，也弥补了史书记载中相关细节的缺失。

七一307

七一308

七一309

— 170 —

『东市库郝景』银饼

七一312
直径 15.3—16.7 厘米　厚 3 厘米
重 2300 克

圆形，浇铸成型。边沿不规则，正面平整，背面呈中间厚、边沿薄的锅底形，有浇铸时包含气泡所形成的凹坑。正面有墨书两行：『东市库郝景五十二两四钱。』

东市和西市是隋唐长安城中设立的集中商业区，市内设『井』字形街道，分割为九区，每区开设临街的各行店铺。据记载，唐代东市和西市的商业活动极为繁盛，宋敏求《长安志》：『市内货财二百二十行，四面立邸，四方珍奇，皆所积集。』通过二十世纪六十年代以来对西市进行的多次调查发掘，可知当时的店铺分布极为稠密。一般店铺面阔六米许，约为两间；小的仅一间；大的有三间，面阔十米左右。通过发掘出土的遗物，推断有食品店、珠宝店和手工业作坊等。有学者研究认为『东市库郝景』银饼是经营邸舍、店铺的收入，因为许多有势力的贵族大臣都在市内经营邸舍、店铺，以取厚利，以至于开元二十九年（741）正月下诏：『禁九品以上清资官置客舍、邸店、车坊。』

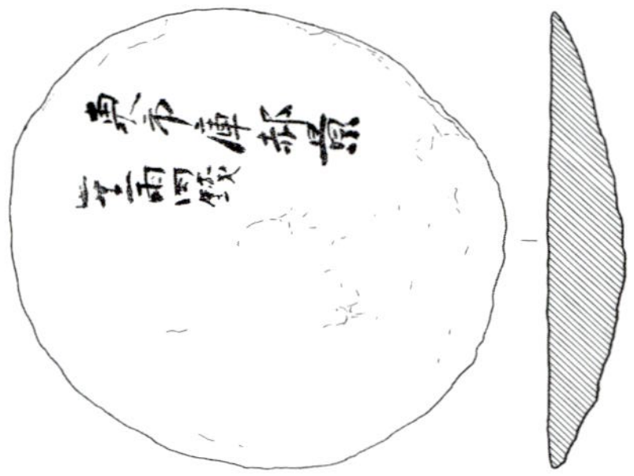

线图

171

『东市库赵忠』银饼

七一315

直径 16 厘米　厚 2 厘米　重 2208 克

浇铸成型。边沿不规则，正面平整，有墨书两行：『东市库赵忠五十两半。』

172

『东市库□希卌五两半』银饼

七一318

直径 15.2 厘米　厚 2 厘米　重 2005 克

浇铸成型。边沿不规则，正面墨书『东市库□希卌五两半』，背面呈中间厚、边沿薄的锅底形，并有一些浇铸时包含气泡所形成的凹坑。

173

『□市库赵□』银饼

七一310

直径 15.8 厘米　厚 2.3 厘米　重 2150 克

浇铸成型。边沿不规则，正面平整，墨书『□市库赵□五十两半』；背面呈中间厚、边沿薄的锅底形，并有一些浇铸时包含气泡所形成的凹坑。

174

『卅七两□□』银饼

七一311

直径 15.3 厘米　厚 2 厘米　重 2075 克

浇铸成型。边沿不规则，正面墨书『卅七两□□』，背面呈中间厚、边沿薄的锅底形，并有一些浇铸时包含气泡所形成的凹坑。

175

『□□□东□库』银饼

七一313

直径 16 厘米　厚 2.2 厘米　重 2035 克

浇铸成型。边沿不规则，正面墨书『□□□东□库』，背面呈中间厚、边沿薄的锅底形。

176

『吴锐卌七两半』银饼

七一314

直径 16.3 厘米　厚 2 厘米　重 2425 克

浇铸成型。边沿不规则，正面平整，有墨书两行『吴锐卌七两半』六字；背面呈中间厚、边沿薄的锅底形，并有一些浇铸时包含气泡所形成的凹坑。

177

『宋之卌九两半』银饼

七一316
直径 15.2 厘米　厚 1.9 厘米
重 2160 克

浇铸成型。边沿不规则，正面平整，有墨书『宋之卌九两半』六字；背面呈中间厚、边沿薄的锅底形，并有一些浇铸时包含气泡所形成的凹坑。

178

『郝□□□□半』银饼

七一317
直径 15.8 厘米　厚 1.7 厘米
重 1650 克

浇铸成型。边沿不规则，正面墨书『郝□□□□半』，背面呈中间厚、边沿薄的锅底形，并有一些浇铸时包含气泡所形成的凹坑。

179

『□希□五十两』银饼

七丨319

直径 16 厘米　厚 1.9 厘米　重 2224 克

浇铸成型。边沿不规则，正面墨书『□希□五十两』，背面呈中间厚、边沿薄的锅底形，并有一些浇铸时包含气泡所形成的凹坑。

180

素面银饼

七一320—327

直径 13—15.5 厘米　厚 1.5 厘米

共出土 8 件。浇铸成型。总体呈不规则圆形，部分银饼正面有补疤。

七一320

七一321

七一322

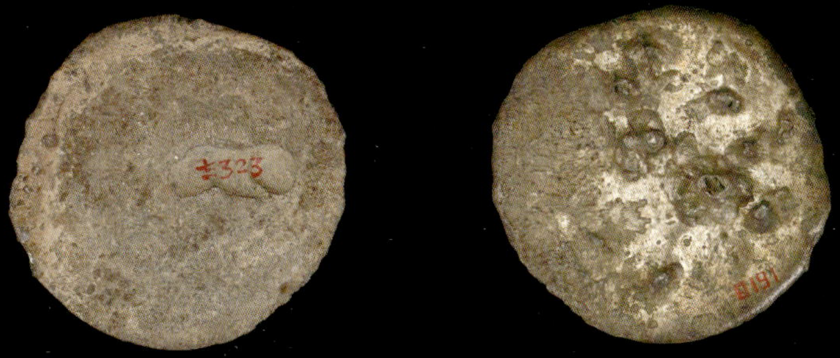

七一323

七一324

七一325

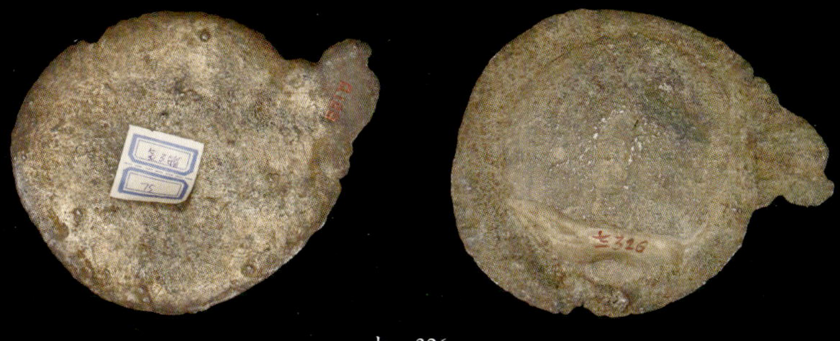

七一326

七一327

181

『五两朝』银铤

七一336—388

长14厘米　宽4.5厘米　每枚重211克

共出土53件。浇铸成型。长方形薄版，表面有锤揲痕迹，顶端有一圆孔。正面孔下竖行錾刻『五两朝』铭文。其中七一349有墨书『卌八两半』，七一341现存中国国家博物馆。

182

『五两太北朝』银铤

七一389—390

长21厘米　宽4厘米　重207克

共出土2件。浇铸成型。呈两端稍宽、中部微内收的片状长方形，表面有锤揲痕迹，顶端有一圆孔。孔下竖行錾刻『五两太北朝』铭文。『太北』中的『太』指太府寺，『北』应指北内，即大明宫，『朝』指朝堂库，『太北朝』即大明宫太府寺朝堂库的省称。刻有『朝』字的银铤，可能与太府寺下属左藏署的朝堂库有关。

七一389

七一390

183

『拾两太北朝』银铤

七一391

长28.9厘米　宽4.5厘米　重417克

浇铸成型。呈两端稍宽、中部微内收的片状长方形，上端有一穿孔。正面錾刻『拾两太北朝』铭文，背面有锤揲痕迹及墨迹。『拾两太北朝』银铤为何家村窖藏银铤中规格最大者。

线图

正面

背面

184

『叁宅』银铤

七一392

长14厘米 宽4.6厘米 重423克

浇铸成型。长方形薄版，表面有锤揲痕迹和三处补疤，首端有穿孔。正面右下角錾刻『叁宅』铭文。

正面

背面

185

『五两一分』银铤

七一393

长24.1厘米 宽7.3厘米 重417克

浇铸成型。长方形薄版，表面有锤揲痕迹。正面有『五两一分』墨书。

正面

背面

— *186* —

素面银铤

七一328—335

长28.3厘米　宽3.5厘米　厚1.9厘米

重1363—2108克

共出土8件。浇铸成型。呈条状长方体，表面均无字迹，边缘粗糙不齐，可能是用于银器制作的原料——成品银。

七一328　　七一329　　七一330

七一331

七一332

七一333

七一334

七一335

187

素面银铤

七一394—395
长18.3厘米　最宽5厘米　重224克

共出土2件。浇铸成型。长方形薄版，表面无字无孔，但有锤揲和切削痕迹。

188

『节墨之法化』铜刀币

七一400

通长 18.6 厘米　柄宽 2 厘米　环径 2.8 厘米　重 56 克

春秋时齐国铸币。刀首内凹，刀身曲刃反张，周缘有郭，柄两面有两道平行线纹，柄端环首，刀身正面铸有钱文『节墨之法化』，背面铸有三横纹和⊙形标记。『节墨』是齐都邑名，故址在今山东省平度县东南，『法化』为标准铸币、法定货币之意。此币为何家村窖藏数百枚钱币中时代最早者。

189

『京一釿』铜平首布

七一401

通长5.5厘米　肩宽3.3厘米　残重12.5克

战国时韩国铸币。平首平肩，弧裆方足，面文『京一釿』。『京』，古地名，《开封志》：『京城在荥阳县东二十里，郑庄公封弟段于此，《左传》所谓京城大叔是也。』『京』在春秋属郑，战国属韩。『釿』为春秋战国时期重量单位，此处作钱文则为货币单位，一釿布重12—15克。釿布主要铸行于战国时期三晋地区。

190

『安阳』方足布

残长3.51厘米　残宽2.43厘米

厚0.1厘米

战国时秦国铸币。方足布是指『布币』的裤足较为平直方正，故称为『方足布』。方足布品种繁多，最常见的是『安阳』『平阳』两种。安阳方足布传世有三种，其中两种属战国中期之物，它们应是赵国铸币。这件方足布铜质青绿，文字甚细而古朴，残首带方棱，肩折向上，狭缘，甚轻薄，应是秦国铸造。史载秦早期东侵，占领魏国的宁新中，公元前257年，改名安阳，于是铸造了大量的『安阳』布。

191

『半两』铜钱

七一402 秦国

直径 3.09 厘米 穿径 0.88 厘米 厚 0.19 厘米

重 5.5 克

战国时秦国铸币。周边不规则，未经打磨，毛茬清晰，孔不甚圆，文字古朴，钱文高挺，属战国秦半两。《史记·秦始皇本纪》记载惠文王二年（前 336）『初行钱』，其『初行钱』铸行的就是半两钱。

192

『半两』铜钱

七一403 秦朝

直径 2.29 厘米 穿径 0.8 厘米 厚 0.15厘米

重 3 克

秦统一全国后通行的铸币。此钱字体规整，边缘经过修整，钱文较高，字体渐方，『半』字下平画及『两』字上平画较长，属于秦半两。《史记·平准书》：『及至秦，中一国之币为二等。黄金以溢名，为上币；铜钱识曰半两，重如其文，为下币。』秦衡制一两为二十四铢，半两即十二铢。

193

榆荚『半两』铜钱

直径 2.35 厘米　穿径 1 厘米　厚 0.18 厘米
重 2 克

西汉铸币。残为 4 块。西汉初，各类半两钱仍继续流通，但由于当时经济凋敝，患『秦钱重难用，更令民铸荚钱』。荚钱径长多在 2.2 厘米以下，重量在 2 克以下，因而称为『榆荚半两』，钱越轻小，物价越昂贵，至文帝时，因『钱多而益轻，乃更铸四铢钱，其文为半两』，钱币史上称为『四铢半两』。

194

『一刀』铜钱

直径 2.856 厘米　穿径 0.88 厘米　厚 0.29 厘米
残重 8 克

王莽居摄二年（7）铸币。仅存刀首，刀首如方孔圆钱，『一刀』二字，字口很深，但未镶嵌金丝，应是未完成品。居摄二年，王莽在五铢钱以外，另铸值五千的错刀、值五百的契刀和值五十的大泉。金错刀其环首如大钱，身形如刀，首部黄金错『一刀』二字，刀身铸『平五千』，值五千枚五铢钱。

195

『大泉五十』铜钱

直径 2.41 厘米 穿径 0.92 厘米
厚 0.13 厘米 重 2 克

王莽铸币。王莽居摄二年（7），第一次货币改制，更改大钱，径一寸二分，重十二铢，文曰『大泉五十』；又铸契刀、金错刀，与五铢并行。始建国元年（9）废错刀、契刀、五铢钱，另发行『小泉直一』代替五铢钱，专用大小泉。第二年，又实行包含二十八品的『宝货制』，其中在大小泉间增铸壮泉、中泉、幼泉、幺泉等，合称『泉货六品』。《汉书·食货志》载：『百姓愦乱，其货不行。』从这枚钱也可以看出它迅速变小、变轻的贬值现象，当时官铸钱径约 2.8 厘米，重 8 克左右，这枚『大泉五十』可能属私铸钱。

196

『小泉直一』铜钱

七一414
直径 1.46 厘米 穿径 0.43 厘米 厚 0.136 厘米
重 1 克

王莽铸币。始建国元年（9），王莽发行『小泉直一』代替五铢钱，『小泉直一』相当于一枚五铢钱的价值。

197

『大布黄千』铜平首布

七一406

通长 5.91 厘米　肩宽 2.53 厘米　厚 0.31 厘米

后背粘连有残布币　共重 15.5 克

王莽始建国二年（10）铸币。平首平肩平足，腰身略收，钱文右读，布局在中线两侧，均匀得体。有不穿通者（圆穿与首端间没有中线）与穿通者两种版别，此为不穿通者。为王莽始建国二年，实行第三次货币改革时所铸『十布』之最大者，相当于『小泉直一』一千枚，但重量比仅为 24 比 1。这种极端混乱的币制引起了人民的强烈抵制，迫使王莽不得不在同年停废『宝货制』，仍行『小泉直一』和『大泉五十』。

198

铜『货布』

七一405

通长 5.95 厘米　肩宽 2.35 厘米　重 17 克

王莽天凤元年（14）铸币。王莽第四次币制改革的产物。《汉书·食货志》记载，天凤元年，罢大小钱，改作货布、货泉，以取代换算烦琐、大小不一的『六泉』和『十布』。

199

无字『货泉』

直径 2.32 厘米　穿径 0.59 厘米
厚 0.25 厘米　重 4.5 克

王莽天凤元年（14）铸币。货泉是存在最多的一种王莽钱。除版别复杂、形制极不规范、大小重量也相差悬殊，轻者不足 2 克，重者可达数 10 克。此外，还有无面文、剪边等特殊品种。

200

饼形『货泉』

直径 2.4 厘米　穿径 0.77 厘米
厚 0.29 厘米　重 10 克

王莽天凤元年（14）铸币。

201

小『货泉』

直径 2.09 厘米　穿径 0.67 厘米
厚 0.17 厘米　重 2.1 克

王莽天凤元年（14）铸币。

202

剪边双廓『货泉』

直径 1.81 厘米　穿径 0.726 厘米
厚 0.15 厘米　重 1.1 克

王莽天凤元年（14）铸币。正面带『△』符号。

203

『五铢』铜钱

直径 2.6 厘米　穿径 1 厘米
厚 0.14 厘米　重 2.5 克

东汉铸币。五铢钱首铸于汉武帝元狩五年（前 118），东汉建武十六年（40），重铸五铢钱，是为『建武五铢』，建武以后东汉中期之五铢，钱文也都与之相近。此五铢钱，轮廓及字体较浅，铜色黄而发白，属东汉中期铸造的五铢。

— 204 —

四出『五铢』铜钱

直径 2.57 厘米　穿径 0.86 厘米　厚 0.13 厘米

东汉铸币。与『太货六铢』锈蚀粘连在一起，合重 6.5 克。『四出』是指方孔四角有凸出线条延伸至边缘。四出五铢是汉灵帝中元三年（186）所铸。当时帝宗豪富聚敛成风，民间的铜钱大量减少，私铸增多，加剧了钱质的下降。这种新型的四出五铢质量相对较优，应不与劣质钱等值使用，可能属于当时整顿中的一种措施。

— 205 —

剪边『五铢』铜钱

其一
直径 1.276 厘米　穿径 0.6 厘米
厚 0.18 厘米　重0.9克

其二
直径 1.76 厘米　穿径 0.83 厘米
厚 0.1 厘米　重 1 克

共出土 2 枚。东汉铸币。字体模糊，粗糙轻薄。剪边实际上多系用凿将完整的钱凿去一部分。但有的钱边缘整齐，外部并非被凿掉，而是铸造时有意为之。这种钱大多为私铸，西汉时开始出现，东汉中期增多，东汉末期大量出现。

其二

其一

206

藕心币

七一417

长 3.6—5.5 厘米　宽 1.3—1.8 厘米

又称铜钱称。共出土 3 枚。长条形，大小不一，上有割口或凹槽，因形制如破藕状，故名藕心币（藕心钱）。其性质及用途有多种说法：有的认为是厌胜钱，有的认为是量器，有的认为是砝码，故又被称为『铜钱称』，年代一般认为属秦汉时期。何家村窖藏中的这 3 枚藕心币，出土时与钱币在一起，应是与钱币有关的一种物品。

207

『直百五铢』铜钱

直径 2.8 厘米　厚 0.25 厘米　重 4 克

蜀汉铸币。残为 4 块，字迹模糊。实际重量仅略重于五铢。

208

『直百』铜钱

其一（无号）
直径 1.28 厘米　穿径 0.56 厘米
厚 0.11 厘米，残重 0.6 克

其二（七一415）
直径 1.76 厘米　穿径 0.766 厘米
厚 0.14 厘米　重 1.1 克

蜀汉铸币。汉献帝十九年（214），刘备入蜀后铸『直百五铢』，初铸钱大而厚重，钱背文一个『为』字，即意在益州犍为郡铸造，泉界称为『犍为五铢』。初铸犍为五铢大而厚，直径 2.8 厘米，重 9 克左右。后来铸有直百五铢光背钱和面文只有『直百』二字的小钱。『直百』是『直百五铢』的省略和减重，本来作价为五铢百倍的直百五铢，实际重量仅略重于五铢，已经虚高了，后来直百小钱的贬值就更严重了。

其一　其二

— 209 —

『大泉当千』铜钱

直径 3.39 厘米　穿径 1.15 厘米
厚 0.24 厘米　重 8 克

三国吴铸币。铸行于赤乌元年至九年（238—246）。《三国志·吴书·吴主传》：『赤乌元年春，铸当千大钱。』先期铸者多为 14.5 克左右，以后逐渐减重变得轻巧，有些直径仅 2.5 厘米左右，重约 3.5 克。大泉当千是虚值钱，一枚当五铢钱一千。

— 210 —

『太货六铢』铜钱

七一413
直径 2.57 厘米　穿径 0.89 厘米
厚 0.16 厘米　出土时与四出五铢粘连在一起　合重 6.5 克

南朝陈宣帝太建十一年（579）铸币。铜质优良，钱文排布匀称，大小与五铢相仿，但在当时一枚要抵十枚五铢旧钱。

211

『永安五铢』铜钱

七一412
直径 2.36 厘米　穿径 0.85 厘米
厚 0.15 厘米　重 3.1 克

北魏孝庄帝铸币。阔缘，铭文直读，『安』字界边减笔。据《魏书・食货志》记载，北魏孝庄帝永安二年（529）始铸永安五铢，共有三种。一种是永安二年孝庄帝铸行的光背钱；第二种是孝武帝永熙年间（532—534）铸行背『土』字钱；第三种是北魏分裂后，由东魏孝敬帝于兴和三年（541）所铸行的背四出文钱。永安五铢大小不一，一般直径 2.2 厘米、重 3 克，轻小者 1.8 厘米、重约 2 克。此为永安二年孝庄帝铸行的光背钱。

212

『永通万国』铜钱

直径 2.1 厘米　残重 3 克

北周武帝宇文邕铸币。北周统一北方之前沿用西魏五铢，宇文邕统一北方后，曾三次铸钱。公元 561 年铸『布泉』，公元 574 年铸『五行大布』和『永通万国』，这三种钱形制精美，钱文流畅优美，素有『三大美泉』之称，被誉为『六朝钱币之冠』。永通万国铜钱，玉箸篆，笔画肥瘦均匀，末端不出笔锋，肥满圆润匀称。为虚值钱，当时布泉一枚当西魏五铢五枚，五行大布当布泉十枚，永通万国当五行大布十枚，即一枚永通万国要合五百枚五铢钱。

213

『五行大布』铜钱

七一411

其一
直径 2.78 厘米　穿径 0.8 厘米
厚 0.226 厘米　重 5 克

其二
直径 2.77 厘米　穿径 0.8 厘米
厚 0.22 厘米　重 4 克

北周武帝宇文邕铸币。

其二

其一

214

『凉造新泉』铜钱

直径 1.81 厘米　穿径 0.656 厘米　厚 0.1 厘米　残重 1 克

前凉张氏王朝（317—376）所造，是以国号为名的第一例方孔圆钱。篆书，有对读、直读二式，钱文字体也有分别，形体可分轻小、厚重二式。此钱篆文直读，文字瘦小端正，疏密匀称。也有人认为，『凉造新泉』可能是北凉沮渠蒙逊所铸。

— 215 —

『高昌吉利』铜钱

七一408
直径 2.6 厘米　厚 0.4 厘米　重 10 克

麹氏高昌王国时期铸币。钱体厚重，钱文『高昌吉利』四字为隶书，旋读。『吉利』二字，应是突厥语『ilik』或『ilig』的汉语音译，意为『王』，文献上一般译作『颉利发』或『颉利』。『高昌吉利』意为『高昌王』。『高昌吉利』钱币是农耕的汉文化与游牧的突厥文化相互交会、融合的结果。铸于麹氏高昌王国时期，即贞观二年到贞观十四年（628—640），铸造地点在高昌当地。

— 216 —

突骑施铜钱

直径 2.32 厘米　穿径 0.468 厘米　厚 0.118 厘米　重 2 克

突骑施汗国铸币。突骑施汗国（约690—766）是七世纪末兴起于中亚的一个地方政权，原属西突厥。正版突骑施钱，圆形方孔，直径 2.4 厘米，穿径 0.7 厘米，重约 5.5 克，正面为一圈粟特字母的突厥文，背面有凸起的弓形图案。异版突骑施中型钱，外缘内孔有不很整齐的廓，直径 2.6 厘米，厚约 0.2 厘米，重 4.6 克；异版小型钱，直径 1.7—2.0 厘米，穿径 0.6—0.7 厘米，厚 0.1—0.12 厘米，重 2.2—2.6 克。钱文译为『天神的突骑施可汗钱币』或『神圣的突骑施可汗钱』。此钱铜质，呈不规则圆形，方孔，为突骑施异版小型钱。

217

马纹铜钱

七一416
最大径 2.02 厘米　厚 0.12 厘米
重 2 克

正面为马纹，背面右为祭司，中间为祭台，或为波斯币。

218

双面『开元通宝』铜钱

七一409
直径 2.446 厘米　穿径 0.59 厘米
厚 0.186 厘米　重 4.1 克

唐代铸币。双面『开元通宝』又称『合背开元』，流行于唐玄宗天宝四载（745）以后。

『开元通宝』铜钱

Ⅰ型 其一 直径2.5厘米 穿径0.67厘米 厚0.16厘米 重4克

其二 直径2.5厘米 穿径0.68厘米 厚0.14厘米 重4克

Ⅱ型 直径2.5厘米 穿径0.6厘米 厚0.16厘米 重4.2克

Ⅲ型 直径2.4厘米 穿径0.64厘米 厚0.15厘米 重4克

Ⅳ型 直径2.56厘米 穿径0.68厘米 厚0.16厘米 重4.1克

Ⅴ型 直径2.5厘米 穿径0.68厘米 厚0.17厘米 重4.1克

Ⅰ型：『开』字背面有仰月纹，字口深，有初唐隶书味，与银开元字体相同。

Ⅱ型：仰月纹在『开』字背面斜角上，『通』字连弧笔画是斜的。

Ⅲ型：『元』字后背有向下的月牙，『开元通宝』四字字体小，笔画紧、粗，『开元』两字被边廓压扁，边轮宽，有楷书味。绿锈多，说明铜质较差。此种开元钱流行于玄宗开元二十九年（741）以后。

Ⅳ型：光背。

Ⅴ型：光背。

Ⅰ型其一

Ⅰ型其二

Ⅱ型

Ⅲ型

Ⅳ型

Ⅴ型

220

鎏金『永安五男』铜钱

七一407

直径 3.86 厘米　穿径 1.05 厘米　厚 0.29 厘米

重 20 克

唐代铸币。因钱文中有『永安』二字，曾被定为北魏永安年间所铸。『永安五男』形制、重量逾常，钱文『安』字不借穿郭，与北魏『永安五铢』的特征不符，钱文中的『永安』若为年号，则『五男』的含义难以解释，如以『永安五男』视为吉祥语，其义则通，并且背面的四种纹饰亦为常见的祥瑞图案，故此应为唐代所铸的厌胜钱。另有学者从厌胜钱中之『五男二妇』『五男二女三公九卿』等也证明『永安五男』为厌胜钱之性质。

正

反

— 221 —

鎏金铜『货布』

七一404

通长5.7厘米　肩宽2.1厘米　重12—13克

唐代铸币。共出土6枚。宽颈，窄肩，平裆，方足，首中间有穿，周缘有郭，钱面篆书『货布』二字，通体鎏金。经过测重，并与新莽货布对比，何家村窖藏出土的鎏金货布形制小于新莽货布，钱文漫漶不清，笔画臃肿呆滞，重量仅12—13克，应为唐代仿品。

伍

矿物类遗物

何家村窖藏出土矿物类文物17种，大多为药物，主要用于炼丹。计有黄（金）粉787克、上上乳678克、次上乳606克、次乳947克、井砂444克、大粒光明砂660克、光明碎红砂852克、光明紫砂646克、次光明砂1500克、红光丹砂1415克、朱砂2688克、白英505克、紫英2177克、珊瑚3段、琥珀10段、密陀僧1块、银渣块1块。药物的名字，均见于盛放该药的器皿上的墨书文字，出土时，字迹仍然清晰。药物不仅大部收录在《唐本草》等唐代医药著述中，而且器皿上的唐人题字亦多与这些书的记载符合，反映了唐代在药物学方面达到的成就。此外，这批药物中的丹砂的规格分得很细，说明唐人辨药知识较前大有增进；且其数量大、品种多，也反映了唐代炼丹风气的盛行。

222

大粒光明砂

重 746 克

大粒光明砂，最上乘之丹砂。丹砂又名朱砂、真朱、汞砂等，即硫化汞（HgS），味甘微寒无毒，主养精神，通血脉，能化为汞。为炼丹之主要药品，有镇心、安神、解毒诸作用。内服外用均可，以外用为多。《唐本草》卷三：『丹砂大略二种，有土砂、石砂。……其石砂有十数品，最上者为光明砂。大者如鸡卵，小者如枣栗……光明照彻。』晋陶弘景也谓：『如大小豆及大块圆滑者谓之豆砂，细赤碎者谓之末砂。』大粒光明砂与素面金盒、白玛瑙带饰以及 12 枚金钗金钏同出于盛『大粒光明砂』银药盒（七一222）内，银盒盖内与盖面墨书记录其重量为『大粒光明砂一大斤』。

223

光明碎红砂

重 852 克

光明碎红砂，丹砂之一种。与白玉纯方带饰、骨咄玉带銙和深斑玉带銙同出于盛『光明碎红砂』银药盒（七一220）内，银盒盖面与盖内墨书记录其重量为『光明碎红砂一大斤四两』。

— 224 —

光明紫砂

重 660 克

光明紫砂，丹砂之一种。与狮纹白玉带銙、斑玉带銙和白玉有孔带銙同出于盛『光明紫砂』银药盒（七—219）内，银盒盖内与盖面墨书记录其重量为『光明紫砂一大斤上上』。

225

次光明砂

重 720 克

次光明砂，丹砂之一种。与 10 段琥珀同出于盛『次光明砂』线刻鸳鸯纹银药盒（七一 78），盒盖内墨书记录其重量为『盛次光明沙（砂）廿一两』。

226

红光丹砂

重1415克

红光丹砂，丹砂之一种。与伎乐纹玉带銙、更白玉带板同出于盛『红光丹砂』银药盒（七一221）内。银盒盖面与盖内墨书记录其重量为『红光丹沙（砂）二大斤 大颗三枚绝上』。

227 上上乳

重678克

上上乳，石钟乳之一种。石钟乳，又名虚中、芦石、鹅管石。首见《神农本草经》，列于上品。《名医别录》及唐代甄权《药性本草》等亦有记载。其疗效大致能安五脏，通百节，明眼目，利九窍，下乳汁，壮元气，补虚损，好颜色，疗脚弱等；又治下焦伤竭，令人有子，并谓可『延年益寿』；此药亦用于炼丹。唐萧炳《四声本草》载：石钟乳『如蝉翅者上，爪甲者次，鹅管者下，明白而薄者可服』。何家村窖藏出土的乳石，其墨书文字将其分为『上上乳』『次上乳，堪服』和『次乳，须简择，有堪服者』三等，与唐代医药文献记载的乳石分级正合。

上上乳出土于盛『上上乳』银药盒（七一267）内，盒盖内与盖面墨书记录其重量为『上上乳一十八两』。钟乳以透明度高者为上品，此银盒内钟乳晶明透亮，管壁薄而均匀，品质极佳，故标识『上上乳』。

228

次上乳

重606克

次上乳，石钟乳之一种。出土于盛『次上乳』银药盒（七一269）内。银盒盒盖内外均墨书『次上乳十四两三分堪服』。出土时钟乳大多已碎裂为小块，颜色灰白半透明，比『上上乳』颜色略暗，等级略差，故名『次上乳』。

—229—

次乳

重947克

次乳，石钟乳之一种。出土于盛『次乳』银药盒（七一269）内。银盒盖面有墨书『次乳廿四两』；盒盖内有墨书『次乳廿四两须简择有堪服者』。出土时盒内钟乳呈管状，颜色灰暗略泛黄，透明度不佳，粗细厚薄也不均匀，符合唐代萧炳《四声本草》中提到的钟乳石的最后一等。

230

白英

重 505 克

白英，即白石英，矿物类药物。此药首见《神农本草经》，列于上品，有益气，除风湿痹，治软逆，消渴等功效，还可以『长年』。为服食之主要药品，亦用于炼丹。与紫英同出于鎏金鹦鹉纹提梁银罐（七一277），盖内墨书记录其重量为『白英十二两』。

231

紫英

重 2177 克

紫英，即紫石英，矿物类药物。此药首见《神农本草经》，列于上品。宋寇宗奭谓：『紫石英，明彻如水精，但色紫而不匀。』宋掌禹锡引《岭表录》谓『其色淡紫，其质莹彻，随其大小，皆五棱，两头如箭链』。《神农本草经》谓其可治软逆，补不足，女子绝孕无子，久服温中，轻身延年。《名医别录》谓其『补心气不足，定惊悸，填下焦，止消渴，除胃中久寒，散痈肿，令人悦泽』。此药亦用于炼丹。与白英同出土于鎏金鹦鹉纹提梁银罐（七一277）。盖内墨书记录其重量为『紫英五十两』。

232

珊瑚

七一286

长1.2—3.9厘米　宽1.1—1.9厘米

共计3段。与镶金兽首玛瑙杯、玛瑙羽觞、玛瑙长杯、白玉忍冬纹八曲长杯、凸圈纹琉璃碗、玉臂环、宝石等同出于莲瓣纹提梁银罐（七一279）。一为树杈形，一为弧形，上下部截面处平整似经加工。两段珊瑚上均有墨痕。另一段珊瑚为圆柱形，高1.2厘米，直径0.65厘米，中间有直径0.15厘米贯通的小孔。据《唐本草》卷四：珊瑚，『味甘平无毒』，主『去目中翳，消宿血，……止鼻衄』『生南海，又从波斯国及师子国来』。宋《日华子诸家本草》谓其『明目镇心，止惊痛』。『珊瑚』二字，有人认为亦似译音。地中海、红海、波斯湾古时皆产珊瑚。《后汉书》及《魏略》均记载大秦国产珊瑚；唐《大秦景教流行中国碑》谓『大秦国南统珊瑚之海』。唐代珊瑚有可能来自域外，既是装饰品，也是药物。唐代文献中提及珊瑚时所用的单位是『寸』或『段』，银罐中唐人墨书『珊瑚三段』也印证了这一点。

233

琥珀

共计10段　重211克

琥珀，又名虎魄，中药材。首载于《名医别录》，谓其能『安五脏，定魂魄，消瘀血，通五淋』。《日华子诸家本草》谓其可『明目，磨翳，止心痛，癫邪』。与次光明砂同出于盛『次光明砂』线刻鸳鸯纹银药盒（七一78）。盒盖内墨书记录其数量为『虎魄十段』，实际称重211克。

234 一

银渣块

直径 40 厘米　最大厚度 3 厘米　重约 8000 克

灰白色。出土时覆盖于一高 65 厘米、腹径 60 厘米、瓮口直径 38 厘米的陶瓮瓮口上。经化验，渣块中含有 30 种金属。包含物中有微量的硫和大量的一氧化铅（PbO），并有稀有元素镓、铟、铊，这些元素在自然矿中应是硫化物而不能单独存在，加上渣块本身有明显的金属烧结痕迹，证明是经过人工烧炼的产物。经与已知的炼银渣块进行比较，其中锌（Zn）、铅（Pb）、银（Ag）、锑（Sb）、铜（Cu）、铋（Bi）、钴（Co）、镍（Ni）、砷（As）、铁(Fe)等基本成分相同，因此，判断此物为唐代炼银渣块。渣块中的镓、铟属稀有元素，表明渣块是冶炼方铅矿（PbS）后形成的。而方铅矿往往与辉银矿（Ag_2S）共生。因此，唐代炼银矿石应为方铅矿与辉银矿的共生矿，说明我国古代大部分银是从含银的粗铅中提炼的。

—235—

密陀僧

重494克

密陀僧，唐代从波斯传入的药物，为铅的氧化物矿物。《唐本草》卷四：『密陀僧，味咸，辛，平，有小毒，主久痢，五痔，金疮，面上瘢皯，面膏药用之。』『出波斯国，一名没多僧。密陀、没多，并胡言也。』密陀僧即一氧化铅（PbO），为中医外科制造膏药的主要原料。因其能与蛋白质结合而成蛋白化铅，有收敛局部黏膜血管，庇护溃疡面和减少黏液分泌的作用，故对溃疡、湿疹、肠炎、下痢等有效。《唐本草》的记述，与现代药理实验相合，说明其科学性很高。书中并明确指出该药用于医疗的知识传自波斯，更是古代中国人民和波斯人民文化交流的明证。

陆

其他

何家村窖藏共出土文物 970 多件，以金银宝玉器物为大宗。除钱币外，其他质地的器物仅有鎏金提梁铜罐、人物纹铜挂饰和铜镞三件铜质器物以及两件陶瓮。它们虽然数量不多，但谜团不少：为何三件铜质器物均只有一件？而金银质地的器物大多都有重复品，有些甚至多达几十件。为何会出现汉代铜镞？当初埋藏的陶瓮只有两件吗？会不会还有未曾发现的陶瓮？或者，在历史上曾经在这里发现过唐代陶瓮？如果您有兴趣，与我们一起来破解这些谜团吧。

236

鎏金提梁铜罐

七一90
口径 14.5 厘米
通高 25.2 厘米
重 2405 克

铜质鎏金。形制大小近似鹦鹉纹提梁银罐。大口，短颈，圆鼓腹，铆接喇叭形圈足。提梁辖于焊接在罐肩上的两个附耳之内，可以自由活动。外表锈蚀严重，罐内有朱砂残留物，表明贮存过朱砂。

237

人物纹铜挂饰

通高 3.4 厘米　宽 2.7 厘米　厚 0.45 厘米

铸造成型。钟形，正面凸起的钟形边框内，中间饰一位着窄袖短襦长裙、头梳高髻的女性，左右各有一位童子，三人脚踏连枝忍冬，女子头部两侧有如意云头。从人物体态装束看，应为初唐风格。挂饰背面光素无纹，顶部有圆环，可系挂。可能是女性随身佩戴物。

238

铜镞

残长 5.15 厘米　宽 1.1 厘米

汉代。三棱形，杆断，仅剩镞头，且锈蚀严重。

239

陶瓮

高 65 厘米　口径 38 厘米　腹径 60 厘米　底径 20.5 厘米

共出土 2 件。形制、大小相同。卷唇，束颈，腹部最大径靠上，腹部最大径以上饰三组平行水波纹，每组水波纹又由四道平行水波纹组成。底平稍内凹。口沿厚 3.15 厘米，器壁厚 0.6 厘米。其中一瓮肩部有圆洞，系考古钻探时探铲所伤。窖藏埋藏时，其中一个陶瓮（W2）放置在另一个（W1）北边约 1 米处。前者（W2）距地表深 1.3 米，瓮口用圆饼形银渣块覆盖；后者（W1）距地表深 0.78 米，瓮盖出土时被挖碎丢失，其西相距 0.18 米的同一水平面上放置一素面银罐（七一88）。根据考古钻探，两瓮与银罐皆埋藏在活土坑内。另，两瓮在形制上与临潼唐华清宫梨园及小汤出土的水波纹陶罐（如IST3〇4:30）近似。何家村窖藏共出 970 余件各类器物，除银渣块外，均放置在这两个陶瓮及银罐内。

W1

W2

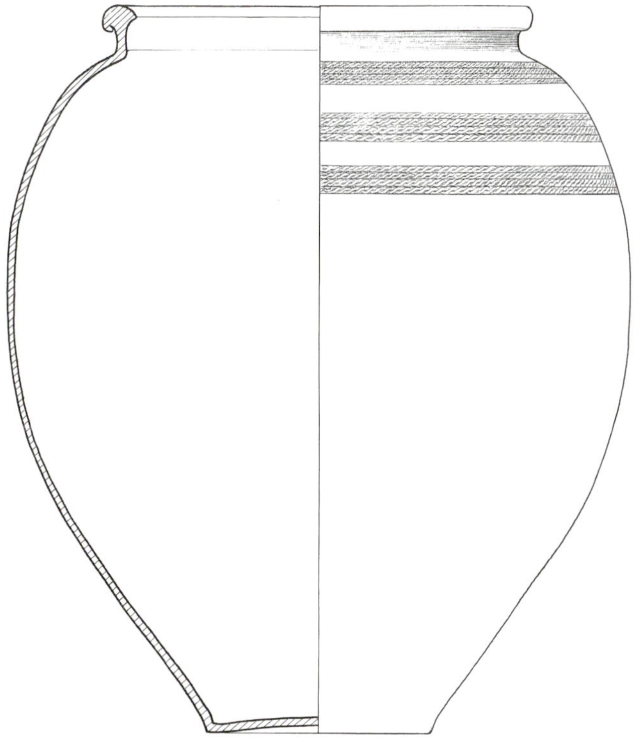

线图

附录

一、主要参考文献

1.韩伟：《海内外唐代金银器萃编》，三秦出版社，1989年。

2.齐东方：《唐代金银器研究》，中国社会科学出版社，1999年。

3.陕西历史博物馆、北京大学考古文博学院、北京大学震旦古代文明研究中心编著：《花舞大唐春——何家村遗宝精粹》，文物出版社，2003年。

4.谭前学编著：《盛世遗珍——唐代金银器巡礼》，三秦出版社，2003年。

5.谭前学主编：《神韵与辉煌——陕西历史博物馆国宝鉴赏·金银器卷》，三秦出版社，2006年。

6.韩建武主编：《神韵与辉煌——陕西历史博物馆国宝鉴赏·玉杂器卷》，三秦出版社，2006年。

7.荣新江：《隋唐长安：性别、记忆及其他》，复旦大学出版社，2010年。

8.赵青主编：《文物陕西·金银器卷》，陕西师范大学出版总社，2019年。

9.侯宁彬、申秦雁主编：《大唐遗宝：何家村窖藏》，文物出版社，2021年。

10.陕西省博物馆革委会写作小组、陕西省文管会革委会写作小组：《西安南郊何家村发现唐代窖藏文物》，《文物》1972年第1期。

11.陕西省博物馆、文管会钻探组：《唐长安城兴化坊遗址钻探简报》，《文物》1972年第1期。

12.耿鉴庭：《西安南郊唐代窖藏里的医药文物》，《文物》1972年第6期。

13.陕西省博物馆文管会写作小组：《从西安南郊出土的医药文物看唐代医药的发展》，《文物》1972年第6期。

14.一冰：《唐代冶银术初探》，《文物》1972年第6期。
15.秦波：《西安近年来出土的唐代银铤、银板和银饼的初步研究》，《文物》1972年第7期。
16.陕西省博物馆、乾县文教局唐墓发掘组：《章怀太子墓发掘简报》，《文物》1972年第9期。
17.段鹏琦：《西安南郊何家村唐代金银器小议》，《考古》1980年第6期。
18.陈尊祥：《西安何家村唐代窖藏钱币研究》，《中国钱币》1984年第3期。
19.朱天舒：《唐代金银器与大唐气象》，《西北大学学报（哲学社会科学版）》1996年第1期。
20.申秦雁：《唐代金开元及其用途考》，《考古与文物》2001年第3期。
21.谭前学：《西安市南郊白庙村发现的唐代金杯及其有关问题》，《文博》2002年第3期。
22.齐东方：《何家村遗宝的埋藏地点和年代》，《考古与文物》2003年第2期。
23.沈睿文：《一个与道教有关的遗存——何家村窖藏再认识》，《中国文物报》2003年6月13日第7版。
24.韩建武：《关于何家村窖藏的几个问题》，《陕西历史博物馆馆刊》（第13辑），三秦出版社，2006年。
25.韩建武：《西安何家村唐代窖藏几个问题的再探讨》，《收藏家》2007年第7期。
26.吴镇烽：《何家村盛唐遗宝重见天日纪实》，《文博》2009年第2期。
27.杭志宏：《对何家村遗宝的一些新认识》，《文物天地》2016 年第 6 期。
28.韩建武：《西安何家村唐代窖藏金银器上的墨书题记》，《收藏家》2017年第4、5期。
29.林梅村：《唐武德二年罽宾国贡品考——兼论西安何家村唐代窖藏原为大明宫琼林库皇家宝藏》，《考古与文物》2017年第6期。
30.卢轩、刘子信：《何家村唐代窖藏宝石及玻璃碗检测报告》，《考古与文物》2017年第6期。
31.姜一鸣：《“何家村藏宝”考辩》，《中华文化画报》2018年第9期。
32.杨瑾：《跨学科视阈下的西安何家村唐代窖藏文物研究综述》，《文博》2019年第3期。
33.韩建武、谭前学：《西安何家村唐代窖藏出土钱币用途蠡测》，陕西文物保护研究院微信公众号“巧手良医”，2022年6月9日。

二、西安何家村窖藏文物研究文献目录 （以出版、发表时间先后为序）

1.陆九皋、韩伟编：《唐代金银器》，文物出版社，1985年。

2.韩伟：《海内外唐代金银器萃编》，三秦出版社，1989年。

3.陕西历史博物馆、北京大学考古文博学院、北京大学震旦古代文明研究中心编著：《花舞大唐春——何家村遗宝精粹》，文物出版社，2003年。

4.谭前学编著：《盛世遗珍——唐代金银器巡礼》，三秦出版社，2003年。

5.谭前学主编：《神韵与辉煌——陕西历史博物馆国宝鉴赏·金银器卷》，三秦出版社，2006年。

6.韩建武主编：《神韵与辉煌——陕西历史博物馆国宝鉴赏·玉杂器卷》，三秦出版社，2006年。

7.梁子：《唐代金银器与唐人社会生活》，陕西旅游出版社，2006年。

8.陕西历史博物馆编：《大唐遗宝——何家村窖藏出土文物展》，陕西人民出版社，2010年。

9.姜一鸣：《〈虢国夫人游春图〉考辨——兼谈“何家村藏宝”》，天津人民美术出版社，2017年。

10.齐东方：《花舞大唐春：解读何家村遗宝》，上海古籍出版社，2018年。

11.王丽梅：《盛世风尚——唐代金银器装饰艺术研究》，四川大学出版社，2018年。

12.陈妍言：《唐代金银器角隅纹样研究》，中国民族文化出版社，2020年。

13.侯宁彬、申秦雁主编：《大唐遗宝：何家村窖藏》，文物出版社，2021年。

14.陕西省博物馆革委会写作小组、陕西省文管会革委会写作小组：《西安南郊何家村发现唐代窖藏文物》，《文物》1972年第1期。

15.陕西省博物馆、文管会钻探组：《唐长安城兴化坊遗址钻探简报》，《文物》1972年第1期。

16.《文物》编辑部：《“无产阶级文化大革命”期间出土文物展览简介·陕西省西安唐代窖藏》，《文物》1972年第1期

17.郭沫若：《出土文物二三事》，《文物》1972年第3期。

18.耿鉴庭：《西安南郊唐代窖藏里的医药文物》，《文物》1972年第6期。

19.陕西省博物馆文管会写作小组：《从西安南郊出土的医药文物看唐代医药的发展》，《文物》1972年第6期。

20.一冰：《唐代冶银术初探》，《文物》1972年第6期。

21.秦波：《西安近年来出土的唐代银铤、银板和银饼的初步研究》，《文物》1972年第7期。

22.出土文物展览工作组编：《“文化大革命”期间出土文物》（第1辑），文物出版社，1973年。

23.夏鼐：《综述中国出土的波斯萨珊朝银币》，《考古学报》1974年第1期。

24.夏鼐：《近年中国出土的萨珊朝文物》，《考古》1978年第2期。

25.段鹏琦：《西安南郊何家村唐代金银器小议》，《考古》1980年第6期。

26.韩伟：《唐代革带考》，《西北大学学报（哲学社会科学版）》1982年第3期。

27.吴德铎：《何家村出土医药文物补证》，《考古》1982年第5期。

28.熊存瑞：《唐代金银容器》，中国社会科学院研究生院考古系毕业论文，1982年。

29.戴应新、韩伟等：《关于〈何家村出土医药文物补证〉一文的讨论》，《考古》1983年第2期。

30.卢兆荫：《从考古发现看唐代金银“进奉”之风》，《考古》1983年第2期。

31.陈英英：《隋唐金银器研究》，北京大学历史系考古专业硕士研究生学位论文，1983年。

32.陈尊祥：《西安何家村唐代窖藏钱币的研究》，《中国钱币》1984年第3期。
33.安家瑶：《中国的早期玻璃器皿》，《考古学报》1984年第4期。
34.陈英英、贾梅仙：《国外学者研究唐代金银器情况介绍》，《考古与文物》1985年第2期。
35.朱捷元：《唐代金银器、银铤与衡量制度的关系问题》，《文博》1986年第2期。
36.朱捷元：《关于唐“东市库”银饼及税银的一些问题》，《文博》1987年第6期。
37.韩伟、陆九皋：《唐代金银器概述》，《中国考古学研究论集》编委会编：《中国考古学研究文集——纪念夏鼐先生考古五十周年》，三秦出版社，1987年；后收入韩伟：《磨砚书稿——韩伟考古文集》，科学出版社，2001年。
38.韩伟：《唐代金银器拾零》，《文博》1991年第6期。
39.孙机：《论西安何家村出土的玛瑙兽首杯》，《文物》1991年第6期。
40.徐殿魁：《试论唐开元通宝的分期》，《考古》1991年第6期。
41.孙机：《关于西安何家村出土的飞廉纹小银盘》，《中国考古学会第七次年会论文集·1989》，文物出版社，1992年。
42.宿白：《中国古代金银器和玻璃器》，《中国文物报》1992年4月26日、5月3日连载。
43.赵超、叶娃：《唐代金银器研究小议》，《考古学研究》编委会：《考古学研究》，三秦出版社，1993年。
44.赵超：《略论唐代金银器研究中的分期问题》，《汉唐与边疆考古研究》（第1辑），1994年。
45.齐东方、张静：《唐代金银器皿与西方文化的关系》，《考古学报》1994年第2期。
46.［日］中野彻：《唐代金银器形式的变迁和制作方法》，《中国艺术文物讨论会论文集》（下册），台北故宫博物院，1995年。
47.孙机：《七鸵纹银盘与飞廉纹银盘》，《中国圣火——中国古文物与东西文化交流中的若干问题》，辽宁教育出版社，1996年。
48.朱天舒：《唐代金银器与大唐气象》，《西北大学学报（哲学社会科学版）》，1996年第1期。
49.韩伟：《唐代金银器辨伪举例》，《考古与文物》1997年第2期；后收入韩伟：《磨砚书稿——韩伟考古文集》，科学出版社，2001年。
50.林梅村：《中国境内出土带铭文的波斯和中亚银器》，《文物》1997年第9期。
51.齐东方：《唐代的外来金银器及其器物》，《青果集——吉林大学考古系建系十周年纪念文集》，知识出版社，1998年。
52.谭前学：《鹦鹉纹提梁银罐与盛唐气象》，《华夏文化》1998年第1期。
53.齐东方：《唐代粟特式金银器研究——以金银带把杯为中心》，《考古学报》1998年第2期。
54.齐东方：《唐代墓葬壁画中的金银器》，《文博》1998年第6期。
55.齐东方：《西安市文管会藏粟特式银碗考》，《考古与文物》1998年第6期。
56.齐东方：《幽宫留得旧香囊》，《故宫文物月刊》1998年第2期。
57.齐东方：《唐代银高足杯及其狩猎图》，《艺术史研究》，中山大学出版社，1999年。
58.冉万里：《唐代金属香炉研究》，《文博》2000年第2期。
59.孙机：《谈谈狮蛮带》，《文物天地》2000年第3期。
60.韩建武：《西安何家村唐代窖藏宝石玉器》，《收藏家》2001年第3期。

61.谭前学：《盛世遗珍——西安南郊何家村唐代窖藏金银器》，《华夏文化》2002年第1期。
62.韩建武：《陕西出土的唐代金银器（上）》，《收藏家》2002年第7期。
63.韩建武：《陕西出土的唐代金银器（中）》，《收藏家》2002年第8期。
64.韩建武：《陕西出土的唐代金银器（下）》，《收藏家》2002年第9期。
65.谭前学：《唐代“金银作坊院”考辨》，《陕西历史博物馆馆刊》（第9辑），三秦出版社，2002年。
66.齐东方：《何家村遗宝的埋藏地点和年代》，《考古与文物》2003年第2期。
67.沈睿文：《一个道教有关的遗存》，《中国文物报》2003年6月13日第7版。
68.沈睿文：《何家村窖藏再认识——从考古学的功能研究谈起》，《华林》（第三卷），中华书局，2003年。
69.申秦雁、王西梅：《漫话葡萄花鸟纹银香囊》，《陕西历史博物馆馆刊》（第10辑），三秦出版社，2003年。
70.赵青：《唐素面长柄三足银铛小议》，《陕西历史博物馆馆刊》（第10辑），三秦出版社，2003年。
71.周劲思：《唐狩猎纹高足银杯赏析》，《陕西历史博物馆馆刊》（第10辑），三秦出版社，2003年。
72.杨亮：《唐飞狮纹石榴花银盒赏析》，《陕西历史博物馆馆刊》（第10辑），三秦出版社，2003年。
73.黄正建：《何家村遗宝和刘震有关吗？——与齐东方先生商榷》，《考古与文物》2004年第4期。
74.齐东方：《何家村遗宝猜想》，《文物天地》2005年第1期。
75.沈睿文：《何家村窖藏的炼丹器具》，《文物天地》2005年第1期。
76.张雷：《鎏金舞马衔杯纹银壶与唐代舞马》，《上海文博论丛》2005年第1期。
77.谭前学：《西安南郊何家村出土的金银药具和药物漫谈》，《书法》2005年第4期。
78.申秦雁：《从何家村窖藏看唐式金银盒的形成》，《西部考古》（第1辑），三秦出版社，2006年。
79.韩建武：《关于何家村窖藏的几个问题》，《陕西历史博物馆馆刊》（第13辑），三秦出版社，2006年。
80.齐东方：《汉唐金银器与社会生活》，《内蒙古文物考古》2006年第2期。
81.达津：《唐代银板小考》，《中国钱币》2007年第3期。
82.韩建武：《西安何家村唐代窖藏几个问题的再探讨》，《收藏家》2007年第7期。
83.王子今：《说犀角杯：一种东西文化交流的文物见证》，《四川文物》2008年第1期。
84.谭前学：《西安何家村窖藏金银器》，《传承》2008年第13期。
85.刘芃等：《丙烯酸树脂材料和何家村金银器的保护》，《中国文物报》2009年1月2日。
86.韩建武：《西安何家村唐代窖藏研究综述》，《陕西历史博物馆馆刊》（第16辑），三秦出版社，2009年。
87.吴镇烽：《何家村盛唐遗宝重见天日纪实》，《文博》2009年第2期。
88.申秦雁、王建荣：《何家村金银器：大唐的高度》，《中华遗产》2009年第10期。
89.文军、张红娟：《何家村珍宝研究综述——何家村珍宝与唐代文化学术研讨会纪实》，《陕西历史博物馆馆刊》（第17辑），三秦出版社，2010年。
90.王莉：《何家村唐代珍宝与宫廷习俗》，《收藏界》2010年第10期。
91.梁子、杨婉萍：《唐代银粉盒——以法门寺、何家村出土文物为主体》，《陕西历史博物馆馆刊》（第18辑），三秦出版社，2011年。
92.刘云辉：《骨咄玉新考》，《陕西历史博物馆馆刊》（第18辑），三秦出版社，2011年。
93.程旭：《朝贡·贸易·战争·礼物——何家村唐代金银器再解读》，《文博》2011年第1期。
94.王子今：《说何家村“金涂两鑵双桃银盘”》，《故宫博物院院刊》2011年第1期。
95.韩香：《绮席卷龙须，香杯浮玛瑙——何家村出土玛瑙杯与中西文化交流》，《西北民族论丛》（第八辑），中国社会科学出版社，2012年。
96.杭志宏：《再议何家村遗宝的主人、年代和埋藏地点》，《陕西历史博物馆馆刊》（第19辑），三秦出版社，2012年。
97.魏秋萍：《从何家村窖藏出土的两件金银器看唐朝贵族的狩猎生活》，《陕西历史博物馆馆刊》（第19辑），三秦出版社，2012年。
98.万晓：《从何家村窖藏出土文物看唐代皇家女性的时尚之风》，《陕西历史博物馆馆刊》（第19辑），三秦出版社，2012年。
99.刘思哲：《西安何家村唐代窖藏九环玉带制作时代考》，《考古与文物》2013年第4期。
100.申秦雁、魏秋萍：《波斯萨珊“徽章式纹样”在唐代的演变——以何家村窖藏出土品为中心》，《陕西历史博物馆馆刊》（第20辑），三秦出版社，2013年。
101.杨维娟：《馆藏唐代金梳背制作工艺流程探析》，《陕西历史博物馆馆刊》（第20辑），三秦出版社，2013年。
102.田卫丽：《玉润华光——陕西西安何家村窖藏出土的玉带銙》，《文物天地》2015年第2期。
103.魏秋萍：《鎏金鸳鸯鸿雁纹银匜与唐代的吉礼》，《文物天地》2015年第2期。
104.陈菲：《唐代葡萄花鸟纹银香囊的研究》，《上海工艺美术》2015年第3期。
105.袁旭阳：《从文化人类学的角度浅谈何家村窖藏出土金银器特点》，《卷宗》2015年第5期。
106.田卫丽：《浅谈何家村出土医药文物与唐代道教外丹术的发展》，《文博》2015年第3期。
107.田卫丽：《唐代玉带銙述略——以西安何家村窖藏出土的玉带銙为中心》，《文物世界》2015年第4期。
108.田卫丽：《何家村窖藏中的唐代道教文物》，《收藏》2015年第11期。
109.梁敏、张桢：《盛世遗珍 匠心独具——何家村窖藏出土的金、银铛赏析》，《文物天地》2016年第6期。
110.杭志宏：《对何家村遗宝的一些新认识》，《文物天地》2016年第6期。
111.蔡淋：《盛放莲花 大唐气象——鸳鸯莲瓣纹金碗》，《文物天地》2016年第6期。
112.程旭：《从何家村到法门寺：金银器工艺的进步与发展》，《中国国家博物馆馆刊》2016年第10期。
113.［美］佛朗西斯科·路易斯：《何家村来通与中国角形酒器（觥）——醉人的珍稀品及其集藏史》，杨瑾译，《陕西历史博物馆馆刊》（第24辑），三秦出版社，2017年。
114.吕倩：《西安何家村唐代窖藏鎏金永安五男的年代论证》，《艺术品鉴》2017年第1期。

115.韩建武：《西安何家村唐代窖藏金银器上的墨书题记（上）》，《收藏家》2017年第4期。
116.韩建武：《西安何家村唐代窖藏金银器上的墨书题记（下）》，《收藏家》2017年第5期。
117.林梅村：《唐武德二年罽宾国贡品考——兼论西安何家村唐代窖藏原为大明宫琼林库皇家宝藏》，《考古与文物》2017年第6期。
118.卢轩、刘子信：《何家村唐代窖藏宝石及玻璃碗检测报告》，《考古与文物》2017年第6期。
119.刘敏：《大唐兴衰的见证物——鎏金舞马衔杯纹银壶》，《大众文艺》2017年第23期。
120.郭梦星、王孟夏：《“何家村遗宝”之谜研究述略》，《丝路视野》2017年第24期。
121.刘荣贵：《方寸间的律动——析论唐代玉制腰带具文化功能的变革》，《文化遗产与公众考古》（第四辑），北京联合大学文化遗产保护协会，2017年。
122.彭紫君：《西安南郊何家村金银器纹饰考》，湖北美术学院硕士学位论文，2017年。
123.吴婉莹：《何家村窖藏出土的金银器装饰纹样研究》，陕西师范大学硕士学位论文，2017年。
124.姜一鸣：《“何家村藏宝”考辩》，《中华文化画报》2018年第9期。
125.申秦雁：《鎏金鸳鸯纹银羽觞与唐代称觞献寿之礼》，《陕西历史博物馆论丛》（第25辑），三秦出版社，2018年。
126.韩森、高菲池：《唐代金银器：万里丝路与何家村窖藏》，《美成在久》2019年第2期。
127.杨瑾：《跨学科视阈下的西安何家村唐代窖藏文物研究综述》，《文博》2019年第3期。
128.赵青：《从天禄、辟邪、塞穆鲁到飞狮纹——鎏金飞狮纹银盒之飞狮形象流变》，《文史知识》2020年第5期。
129.翟战胜：《谈谈何家村窖藏出土的鎏金动物纹银盘》，《文史知识》2020年第5期。
130.荆海燕：《何家村窖藏金银器宝相花纹样小议》，《文物天地》2020年第8期。
131.李倩：《从何家村窖藏鸳鸯莲瓣纹金碗看唐代金银器制作工艺》，《文物天地》2020年第8期。
132.田卫丽：《从何家村窖藏出土文物谈唐代金银玉器的社会政治功能》，《文物天地》2020年第8期。
133.张沛心：《从临时出土号与藏品号看何家村窖藏文物的出土情况》，《陕西历史博物馆论丛》（第28辑），三秦出版社，2021年。
134.项坤鹏：《何家村窖藏出土兽首玛瑙杯考略》，《文物天地》2021年第3期。
135.王辰竹：《唐代丝路审美文化熔铸研究——以西安何家村窖藏典型金银器为例》，《兰州文理学院学报（社会科学版）》2021年第3期。
136.张倩：《何家村窖藏所见唐代金银器制作工艺述略》，《文物春秋》2022年第1期。

三、陕西历史博物馆馆藏何家村窖藏文物一览表

藏品号	名称	数量	质地	年代	尺寸（厘米）	重量(克)	备注
七一1	“十五两”折腹银碗	1	银	唐	口径18.8　高8.5	646	内底墨书“十五两”
七一2	“十五两一分”折腹银碗	1	银	唐	口径18.8　高7.6	615	内底墨书“十五两一分”
七一3	“十四两半”折腹银碗	1	银	唐	口径18　高7.5	589	内底墨书“十四两半”
七一4	“十五两”折腹银碗	1	银	唐	口径20　高8.2	579	内底墨书“十五两”
七一5	“十三两三分”弧腹银碗	1	银	唐	口径18.4　高7.9	555	内底墨书“十三两三分”
七一6	“十五两一分”折腹银碗	1	银	唐	口径19　高7.6	620	内底墨书“十五两一分”
七一7	“十五两”折腹银碗	1	银	唐	口径18.7　高7.5	604	内底墨书“十五两”
七一8	“十四两半软”折腹银碗	1	银	唐	口径19　高7.1	580	内底墨书“十四两半软”
七一9	“十五两强”折腹银碗	1	银	唐	口径18.9　高7.8	625	内底墨书“十五两强”
七一10	“十三两软”折腹银碗	1	银	唐	口径18.6　高8.2	520	内底墨书“十三两软”，外底刻有“王珪”二字
七一11	“十四两三分”折腹银碗	1	银	唐	口径19　高7.6	615	内底墨书“十四两三分”
七一12	“十五两一分”折腹银碗	1	银	唐	口径20　高8.2	612	内底墨书“十五两一分”
七一13	“十五两一分”折腹银碗	1	银	唐	口径18.7　高7.5	613	内底墨书“十五两一分”
七一14	“十五两一分”折腹银碗	1	银	唐	口径18.7　高7	623	内底墨书“十五两一分”
七一15	“十一两一分强”折腹银碗	1	银	唐	口径18　高7.5		内底墨书“十一两一分强”现存中国国家博物馆
七一16	“十四两三分”弧腹银碗	1	银	唐	口径18.4　高7.3	614	内底墨书“十四两三分”
七一17	“十四两半”弧腹银碗	1	银	唐	口径18.4　高7.3	584	内底墨书“十四两半”
七一18	“十二两一分”折腹银碗	1	银	唐	口径16.7　高7.5	491	内底墨书“十二两一分”
七一19	“十二两半”折腹银碗	1	银	唐	口径17　高7.7	503	内底墨书“十二两半”
七一20	“十二两”折腹银碗	1	银	唐	口径17　高7.5	496	内底墨书“十二两”
七一21	鎏金鸿雁纹银匜	1	银	唐	口径20.2　高8.4	856	内底墨书“廿一两”
七一22	鎏金鸳鸯纹银匜	1	银	唐	口径19.8　高8.3	806	内底墨书“廿两”
七一23	素面折沿银碗	1	银	唐	口径9.3　高2.2	79	
七一24	素面折腹鎏金银碗	1	银	唐	口径15.9　高6.5		
七一25	素面双耳提梁银锅	1	银	唐	口径19　通高17	740	内底墨书“一斤二两半”
七一26	素面双耳提梁银锅	1	银	唐	口径21　通高17	700	内底墨书“一斤一两半”，口沿一侧耳部上方刻有“郝”字，下方刻有“郝闁”二字。
七一27	素面提梁银锅	1	银	唐	口径19.5　通高17.5		现存中国国家博物馆
七一28	透雕五足三层银熏炉	1	银	唐	最大径21.5　通高30.5	4100	炉盘内底墨书“三层五斤半”，外底残存墨书“半”“层”二字
七一29	仰莲瓣座银罐	1	银	唐	通高11.5　口径3.9　腹围23	171	
七一30	仰莲瓣座银罐	1	银	唐	通高11.5　口径3.9　腹围23	172	

续表

藏品号	名称	数量	质地	年代	尺寸（厘米）	重量(克)	备注
七—31	素面平底银盖罐	1	银	唐	口径8.5　通高8	429	盖内面墨书“十两一分”
七—32	素面银盘	1	银	唐	口径20　高4.1	551	内底墨书“三两三分”
七—33	素面长柄三足银铛	1	银	唐	口径10.2　高7.1	519	内底墨书“十二两”
七—34	素面折腹银碗	1	银	唐	口径11.5　高4.5	140	
七—35	素面折腹银碗	1	银	唐	口径11.5　高4.5	148	
七—36	素面弧腹银碗	1	银	唐	口径12　高4	152	
七—37	素面弧腹银碗	1	银	唐	口径12　高4	178	
七—38	葡萄龙凤纹银碗	1	银	唐	口径12.8　足径7 高4.9	158	
七—39	素面短柄三足银铛	1	银	唐	口径10.5　高3	148	
七—40	素面短柄三足银铛	1	银	唐	口径10.5　高3	148	
七—41	素面提梁银罐	1	银	唐	口径6.6　通高11.8	387	盖内面墨书“九两”，罐内底也有墨迹
七—42	鎏金龟纹桃形银盘	1	银	唐	口径12.3—12.7　高1.1	146	
七—43	鎏金熊纹六曲银盘	1	银	唐	口径13.4　高1	140	
七—44	鎏金飞廉纹六曲银盘	1	银	唐	口径15.8　高1.4	313	
七—45	鎏金凤鸟纹六曲银盘	1	银	唐	口径16.3　高5	220	
七—46	鎏金双狐纹双桃形银盘	1	银	唐	口径22.5　高1.5	322	
七—47	狩猎纹高足银杯	1	银	唐	口径5.9　通高7.1	100	足底錾刻“马舍”二字
七—48	鎏金舞马衔杯纹皮囊式银壶	1	银	唐	底径7.2—8.9 通高14.8　口径2.3 腹径9—11.1	549	圈足原有墨书“十三两半”
七—49	素面双立耳银锅	1	银	唐	口径28　高14.5	1792	
七—50	素面折沿平底银盘	1	银	唐	口径18　高1.7	244	
七—51	素面折沿平底银盘	1	银	唐	口径18　高1.7	245	
七—52	素面折沿平底银盘	1	银	唐	口径18　高1.7	294	
七—53	素面折沿平底银盘	1	银	唐	口径18　高1.7	254	
七—54	素面折沿平底银盘	1	银	唐	口径18　高1.7	288	
七—55	素面折沿平底银盘	1	银	唐	口径18　高1.7	241	
七—56	素面折沿平底银盘	1	银	唐	口径18　高1.7	274	
七—57	素面折沿平底银盘	1	银	唐	口径18　高1.7	287	
七—58	素面折沿平底银盘	1	银	唐	口径18　高1.7	288	
七—59	鎏金孔雀纹盝顶银方盒	1	银	唐	边长12　宽12　通高10	1500	
七—60	素面高足银杯	1	银	唐	口径6.4　高8	96	
附七—60	高足银杯杯座	1	银	唐	足径3.4　高2.8	24	

藏品号	名称	数量	质地	年代	尺寸（厘米）	重量(克)	备注
七—62	鎏金小簇花纹银盖碗	1	银	唐	口径21.8　高9.5	1220	盖内面墨书“卅两并底”，碗内底墨书“卅两并盖”，底足内沿錾刻“卅两三分”，盖圈足内沿錾刻“卅两一分”
七—63	鎏金折枝花纹银盖碗	1	银	唐	口径21.8　高9.5	1380	盖内面墨书“二斤一两并底”，器内底墨书“二斤一两并盖”，圈足内沿錾刻“进”字
七—64	鎏金折支团花纹银盖碗	1	银	唐	口径21.6　高11.8	1421	盖内面墨书“三斤二两并底”，器内底墨书“三斤二两并盖”
七—65	素面罐形带把银杯	1	银	唐	口径9　足径7　高9.7	391	底外壁残留有墨书
七—66	素面罐形带把银杯	1	银	唐	口径8.7　足径7　高10	395	底外壁墨书“九两□分”
七—67	素面银盆	1	银	唐	口径24.8　高5.9	780	
七—68	素面银盆	1	银	唐	口径26.3　高5.7	785	
七—69	素面折腹银碗	1	银	唐	口径20　高7.9	1280	
七—70	素面银盆	1	银	唐	口径29.4　高6.5	1236	
七—71	素面银盆	1	银	唐	口径29.7　高6.4	1237	
七—72	素面金盆	1	金	唐	口径24　高6.7	2074	
七—73	素面金盆	1	金	唐	口径24　高6.7	2075	
七—74	素面银盒	1	银	唐	口径8.8　高3	244	
七—75	素面银盒	1	银	唐	口径8.7　高3.5	245	
七—76	素面银盒	1	银	唐	口径8.1　高3	243	
七—77	素面银盒	1	银	唐	口径24　高6.7	150	
七—78	盛“次光明砂”线刻鸳鸯纹银药盒	1	银	唐	直径15.7　高6.7	1500	盒盖内墨书“合重卅六两盛次光明沙（砂）廿一两虎魄十段”
七—79	鎏金鸳鸯纹银盒	1	银	唐	口径5.9　高1.6	36	
七—80	鎏金双雁纹银盒	1	银	唐	直径4.5　高1.8	50	
七—81	鎏金翼鹿宝相花纹银盒	1	银	唐	口径4.5　高2	56	
七—82	鎏金犀牛纹银盒	1	银	唐	口径5.8　高2.5	108	
七—83	鎏金翼鹿凤鸟纹银盒	1	银	唐	口径5.8　高2.5	62	
七—84	鎏金团花纹银盒	1	银	唐	口径8.6　高2.4	161	
七—85	鎏金团花纹银盒	1	银	唐	口径10.9　高4	290	
七—86	鎏金飞狮纹银盒	1	银	唐	口径12.2　高5.1	425	
七—87	鎏金石榴花结纹银盒	1	银	唐	口径12.3　高6.5	414	盖内面墨书“溪州井砂卅七两十两兼盛黄粉”
七—88	素面提梁银罐	1	银	唐	口径16.5　通高36.4	4150	
七—89	素面提梁银罐	1	银	唐	口径13.5　通高30.5	2125	
七—90	鎏金提梁铜罐	1	银	唐	口径14.5　通高25.2	2405	

续表

藏品号	名称	数量	质地	年代	尺寸（厘米）	重量(克)	备注
七—91	素面三足圆腹银盖罐	1	银	唐	口径4.9　高3	65	
七—92	素面三足束腰形银罐	1	银	唐	口径4.4　高3.5	72	
七—93	素面三足球腹银盖罐	1	银	唐	口径2.5　高4.4	58	
七—94	素面圈足银盖罐	1	银	唐	口径2　高3.9	44	
七—95	素面圈足银盖罐	1	银	唐	口径2.1　高3.9	43	
七—96	素面平底银盖罐	1	银	唐	口径3.4　高4.1	57	
七—97	素面平底银盖罐	1	银	唐	口径2.6　高4.4	53	
七—98	镂空盖花鸟纹银盒	1	银	唐	口径4.3　高2.6		现存中国国家博物馆
七—99	鎏金伎乐纹八棱银杯	1	银	唐	口径7.2　高6.7	285	
七—100	金筐宝钿团花纹金杯	1	金	唐	口径6.8　高5.9	230	
七—101	伎乐纹八棱金杯	1	金	唐	口径7.2　高6.4	380	
七—102	人物纹八棱金杯	1	金	唐	口径7　足径3.2　高5.2	225	
七—103	鎏金菱纹银锁	1	银	唐	长12　宽1.8	33	
七—104	鎏金菱纹银锁	1	银	唐	长12.2　宽1.6	28	
七—105	鎏金菱纹银锁	1	银	唐	长11.4　宽1.5	32	
七—106	鎏金菱纹银锁	1	银	唐	长11.4　宽1.7	30	
七—107	鎏金菱纹银锁	1	银	唐	长10.9　宽1.5	26	
七—108	鎏金菱纹银锁	1	银	唐	长11.3　宽1.6		
七—109	鎏金菱纹银锁	1	银	唐	长10.2　宽1.8		
七—110	鎏金菱纹银锁	1	银	唐	长12.3　宽1.8		现存中国国家博物馆
七—111	鎏金菱纹银锁	1	银	唐	长11.3　宽1.8	31	
七—112	鎏金菱纹银锁	1	银	唐	长11.3　宽1.8	37	
七—113	鎏金菱纹银锁	1	银	唐	长11.3　宽1.8	36	
七—114	鎏金菱纹银锁	1	银	唐	长12.3　宽1.8	34	
七—115	银锁	1	银	唐	长12　宽1.7	38	
七—116	银锁	1	银	唐	长9.6　宽1.3	19	
七—117	银锁	1	银	唐	长11.3　宽1.9	26	
七—118	银锁	1	银	唐	长12.1　宽1.7	32	
七—119	银锁	1	银	唐	长11.5　宽1.8	37	
七—120	银锁	1	银	唐	长11.3　宽1.6	28	
七—121	“刘古□□”银盒	1	银	唐	口径18.7　高4	240	盖面墨书“刘古□□”
七—122	鎏金花鸟纹银碗	1	银	唐	口径10.3　高3.3	136	

藏品号	名称	数量	质地	年代	尺寸（厘米）	重量(克)	备注
七一123	鎏金花鸟纹银碗	1	银	唐	口径10　高3	130	
七一124	鎏金蔓草鸳鸯纹银羽觞	1	银	唐	口径7.5—10.6　高3.1	145	
七一125	鎏金蔓草鸳鸯纹银羽觞	1	银	唐	口径7.7—10.6　高3.2	146	
七一126	双狮纹金铛	1	金	唐	口径9　高5.2　柄长2.9	268	
七一127	镂空飞鸟葡萄纹银香囊	1	银	唐	口径4.7　链长7.5	36	
七一128	线刻花鸟纹银杯	1	银	唐	口径5　高5	34	
七一129	素面银杯	1	银	唐	口径5　高5	45	
七一130	鎏金线刻雀鸟纹银碟	1	银	唐	口径9.5　高0.8	82	
七一131	鎏金双鱼纹银碗	1	银	唐	口径11.6　高2.7	122	
七一132	鎏金双鱼纹银碗	1	银	唐	口径11.5　高2.9		现存中国国家博物馆
七一133	石榴纹银盒	1	银	唐	口径7.6　高3.7	146	
七一134	线刻花草纹银盒	1	银	唐	口径7.6　高3.7	49	
七一135	鎏金线刻小簇花纹银盒	1	银	唐	口径4.1　高2	49	
七一136	鎏金线刻飞廉纹银盒	1	银	唐	直径8.3　高2.9	182	
七一137	鎏金小银盒	1	银	唐	口径3.5　高1.5		
七一138	鎏金莲花形银器	1	银	唐	口径3.5　高1.5	73.5	
七一139	银茶托	1	银	唐	口径8.7　高1.5	89	
七一140	银匜流	1	银	唐	长6.5　宽3.8	48	
七一141—146	九环白玉蹀躞带銙	1副	玉、金	唐	方銙：长3.2　宽2.9　厚0.3；柿蒂纹方銙：边长3　厚0.3；有孔尖拱形銙：底边长3　高3　厚0.3；圆首矩形銙：长5.5　宽3　厚0.3；玉带扣：长径4　短径2.9　厚0.3；圆首矩形鉈尾：长8.6　宽3　厚0.3；偏心孔环：直径2.7　厚0.2		
七一147	银钉形饰	26	银	唐	一种长3　宽2.5；一种长3.4　宽2.6		
七一148—163	素面折沿平底银盘	16	银	唐	口径18.5　高1.5	242—295	
七一164	“十五两半软少”折腹银碗	1	银	唐	口径19.2　高7.6	651	内底墨书“十五两半软少”
七一165	“十五两半”折腹银碗	1	银	唐	口径19.5　高7.7	630	内底墨书“十五两半”
七一166	“十五两三分”折腹银碗	1	银	唐	口径19　高7.4	618	内底墨书“十五两三分”
七一167	“十五两三分”折腹银碗	1	银	唐	口径19　高7.4	640	内底墨书“十五两三分”
七一168	“十四两三分强”折腹银碗	1	银	唐	口径18.8　高7.2	610	内底墨书“十四两三分强”

续表

藏品号	名称	数量	质地	年代	尺寸（厘米）	重量(克)	备注
七一169	“十五两半强”折腹银碗	1	银	唐	口径19.6 高7.7	650	内底墨书“十五两半强”
七一170	“（八）两一分”折腹银碗	1	银	唐	口径16.7 高6.1	343	内底墨书“（八）两一分”
七一171	“七两三分”折腹银碗	1	银	唐	口径16.1 高6.7	318	内底墨书“七两三分”
七一172	“七两三分”折腹银碗	1	银	唐	口径16.5 高6.3	322	内底墨书“（七）两三分”
七一173	“七两半”折腹银碗	1	银	唐	口径15.9 高6.6	312	内底墨书“七两半”
七一174	“八两□”折腹银碗	1	银	唐	口径16 高6.9	322	内底墨书“八两□”
七一175	“七两三分”折腹银碗	1	银	唐	口径15.6 高6.7	318	内底墨书“七两三分”
七一176	“八两”折腹银碗	1	银	唐	口径16 高6.3	320	内底墨书“八两”
七一177	“九两”折腹银碗	1	银	唐	口径15.8 高6.5	359	内底墨书“九两”
七一178	“八两一分”折腹银碗	1	银	唐	口径16.1 高6.7	334	内底墨书“八两一分”
七一179	“八两半”折腹银碗	1	银	唐	口径16 高6.4	355	内底墨书“八两半”
七一180	“八两二分”折腹银碗	1	银	唐	口径15.7 高6.1	345	内底墨书“八两二分”
七一181	“□两半”折腹银碗	1	银	唐	口径16.2 高6.1	296	内底墨书“□两半”
七一182	“八两三分”银折腹碗	1	银	唐	口径16 高6.7	354	内底墨书“八两三分”
七一183	“十两”折腹银碗	1	银	唐	口径16.9 高6	389	内底墨书“十两”
七一184	“十二两一分”折腹银碗	1	银	唐	口径17 高7.6	504	内底墨书“十二两一分”
七一185	“十一两强”折腹银碗	1	银	唐	口径17.2 高6.6	457	内底墨书“十一两强”
七一186—187	素面直口平底银盘	2	银	唐	口径14 高1.8	144—151	
七一188—209	素面直口平底银盘	22	银	唐	口径14.5—15 高2—2.2	120—165	
七一210	鎏金双狮纹银碗	1	银	唐	口径12.5 高3.5	201	
七一211	鎏金双狮纹银碗	1	银	唐	口径12.7 高3.5	172	内底装饰圆片脱落
七一213	鎏金仕女狩猎纹八瓣银杯	1	银	唐	口径9.2 高5.4	209	
七一214	素面卵形银碗	1	银	唐	口径11.6 高3.8	214	
七一215	素面卵形银碗	1	银	唐	口径11.7 高4	215	
七一216	鎏金海兽水波纹银碗	1	银	唐	口径11 足径5.3 高3.6	152	
七一217	素面折腹金碗	1	金	唐	口径14.9 足径7.7 高6.8	550	内底墨书“十三两半”
七一218	金药铛	1	金	唐	口径17.5 高5.5 流长2.9	683	内底墨书“旧泾用十七两暖药”
七一219	盛“光明紫砂”银药盒	1	金	唐	口径17 高6.5	648	盒盖面与盖内均有墨书题记。盖内记：“光明紫砂一大斤上上碾文白玉纯方胯一具一十六事并玦斑玉一具白玉有孔一具各十五事并玦。”盖面文字略同

藏品号	名称	数量	质地	年代	尺寸（厘米）	重量(克)	备注
七一219附一	狮纹白玉带銙	1副	玉	唐	圆首矩形銙：长4.8 宽3.8 厚0.7；方銙：长3.8 宽3.6 厚0.6；鉈尾：长4.8 宽3.2 厚0.94		
七一219附二	斑玉带銙	1副	玉	唐	半圆形銙：长3.8 宽2.9 厚0.6；方銙：长4 宽3.6 厚0.6；圆首矩形銙：长4.8 宽3.6 厚0.7；鉈尾：长4.8 宽3.6 厚0.7		
七一219附三	白玉有孔带銙	1副	玉	唐	半圆形銙：长4 宽3 厚0.5；方銙：长4 宽3.6 厚0.5；圆首矩形銙：长4.6 宽3.6 厚0.45；鉈尾长5 宽3.8 厚0.7		
七一220	盛“光明碎红砂”银药盒	1	银	唐	口径17 高6.3	668	盖面与盖内均墨书：“光明碎红砂一大斤四两白玉纯方胯十五事失玦骨咄玉一具深斑玉一具各一十五事并玦”
七一220附一	白玉纯方带饰	1副	玉	唐	圆首矩形銙：长4.7 宽3.6 厚0.5；方形銙：长3.8 宽3.6 厚0.5；鉈尾：长4.8 宽3.6 厚0.7		
七一220附二	骨咄玉带銙	1副	玉	唐	圆首矩形銙：长4.6 宽3.5 厚0.5；方形銙：长4.7 宽3.5 厚0.6；半圆形銙：长2.6 宽3.6 厚0.5；鉈尾：长4.7 宽3.5 厚0.6		
七一220附三	深斑玉带銙	1副	玉	唐	圆首矩形銙：长4.3 宽3.6 厚0.65；方形銙：长3.9 宽3.5 厚0.65；半圆形銙：长3.8 宽2.9 厚0.65；鉈尾：长4.8 宽3.6 厚0.85		
七一221	盛“红光丹砂”银药盒	1	银	唐	口径16.5 高6	674	盖面与盖内均墨书“红光丹沙（砂）二大斤大颗三枚绝上碾文白玉带一具一十六事失玦更白玉一具数准前”。
七一221附一	伎乐纹玉带銙	1副	玉	唐	圆首矩形銙：长4.8 宽3.8 厚0.5；半圆形銙：长4 宽3 厚0.5；方形銙：长4.8 宽3.8 厚0.5；鉈尾：长4.98 宽3.8 厚1		

续表

藏品号	名称	数量	质地	年代	尺寸（厘米）	重量(克)	备注
七一221附二	更白玉带板	1副	玉	唐	圆首矩形銙长4.8 宽3.8 厚0.7；方形銙：长3.8 宽3.6 厚0.6；半圆形銙：长4 宽3 厚0.5；鉈尾：长4.8 宽3.2 厚0.94		
七一222	盛“大粒光明砂”银药盒	1	银	唐	口径17.9 高6.5	660	盖面有墨书4列23字：“大粒光明砂一大斤”“白马脑铰具一十五事失玦”“真黄钱卅”；盖内壁有墨书5列48字：“大粒光明砂一大斤”“白马脑铰具一十五事失玦”“真黄钱卅”“黄小合子一六两一分内有麸三两强”“钗钏十二枚共七两一分”
七一222附一	白玛瑙带饰	1副	玉	唐	圆首矩形銙：长4.5 宽3.6 厚0.65；方形銙：长3.8 宽3.6 厚0.65；半圆形銙：长3.8 宽2.9 厚0.65；鉈尾：长4.7 宽3.6 厚0.8		
七一223	素面金盒（附砂金）	1	金	唐	直径8.4 高4	259	盖内面墨书“六两一分”
七一224	金梳背	1	金	唐	长7.7 高1.7 厚0.34	3	
七一225	竹节形金镯	1	金	唐	直径0.8 长19	111	
七一227	金臂钏	1	金	唐	长18 宽0.45—1.68	33	
七一228	金钗	1	金	唐	长24.7 宽1.4		
七一231	金钗	1	金	唐	长9.5 宽1.2	12	
七一233	云头形金钗	1	金	唐	长9.5 宽1.2	13.5	
七一236	金钗	1	金	唐	长8.1 宽1.4	8	
七一237—266	“开元通宝”金钱	30	金	唐	直径2.14—2.5 厚0.15	6.32—8.36	
七一267	盛“上上乳”银药盒	1	银	唐	口径17.9 高6.4	692	盖内外均墨书“上上乳一十八两”
七一268	盛“次上乳”银药盒	1	银	唐	口径17.4 高6.4	675	盖内外均墨书“次上乳一十四两三分堪服”
七一269	盛“次乳”银药盒	1	银	唐	口径17.9 高6.3	655	盖面墨书“次乳廿四两”；盒盖内墨书“次乳廿四两须简择有堪服者”
七一270	银石榴罐	1	银	唐	高8.8 腹径6	845	
七一271	银石榴罐	1	银	唐	高8.8 腹径6	851	
七一272	银石榴罐	1	银	唐	高8.8 腹径6	855	
七一273	银石榴罐	1	银	唐	高10 腹径6.3	899	

藏品号	名称	数量	质地	年代	尺寸（厘米）	重量(克)	备注
七—274	素面双耳提梁银锅	1	银	唐	口径12.3　通高10	168	内底墨书“四两一分”
七—275	鸳鸯莲瓣纹金碗	1	金	唐	口径13.5　足径6.8 高5.3	391	内壁墨书“九两三”
七—276	鸳鸯莲瓣纹金碗	1	金	唐	口径13.7　足径6.8 高5.3	392	内壁墨书“九两半”
七—277	鎏金鹦鹉纹提梁银罐	1	银	唐	口径12　通高24.1	1879	盖内墨书“紫英五十两白英十二两”
七—278	素面提梁银罐	1	银	唐	口径13.5　高30.5	2125	
七—279	莲瓣纹提梁银罐	1	银	唐	口径17.5　通高20	1590	盖内墨书“琉璃盃（杯）椀（碗）各一马（玛）瑙盃（杯）二玉盃（杯）一玉臂环四颇黎等十六　珊瑚三段”
七—280	玛瑙羽觞	1	玛瑙	唐	长11.2　宽7　高4.6		
七—281	玛瑙长杯	1	玛瑙	唐	长6.6—13.5 通高3.7　壁厚0.6		
七—282	镶金兽首玛瑙杯	1	玛瑙	唐	口径5.6　长15.6　高6.5		
七—283	白玉忍冬纹八曲长杯	1	玉	唐	短径5.5　长径10.1 高3.8　壁厚0.05		
七—284	水晶八曲长杯	1	玉	唐	高2.9　短径5.5 长径9.5　壁厚0.1		
七—285	凸圈纹琉璃碗	1	玉	唐	口径14.3　高9.5 底径10.3		
七—286	珊瑚	3段	化石	唐	长1.2—3.9　宽1.1—1.9		上有墨痕
七—287—292	金走龙	6	金	唐	高2.1—2.7　长4.1—4.3	4	
七—299—303	鎏金菱纹银锁	5	银	唐	长18—18.8　宽2	85—90	
七—304	玉杵	1	玉	唐	长11.5　宽7.3　厚4	564	
七—305	方形青玉	1	玉	唐	长11　宽9.5　高7.2	2350	
七—306	“怀集庸调”银饼	1	银	唐	最大径10.8　厚0.3—0.8	422	正面刻“怀集县开十庸调银拾两专当官令王文乐典陈友匠高童”
七—307—309	“洊安庸调”银饼	3	银	唐	最大径9.6　厚0.38—0.8	428	正面刻“洊安县开元十九年庸调银拾两专知官彭崇嗣典梁海匠王定”
七—310	“□市库赵□”银饼	1	银	唐	直径15.8　厚2.3	2150	正面墨书“□市库赵□五十两半”
七—311	“卅七两□□”银饼	1	银	唐	直径15.3　厚2	2075	正面墨书“卅七两□□”
七—312	“东市库郝景”银饼	1	银	唐	直径15.3—16.7　厚3	2300	正面墨书“东市库郝景五十二两四钱”
七—313	“□□□东□库”银饼	1	银	唐	直径16　厚2.2	2035	正面墨书“□□□东□库”
七—314	“吴锐卌七两半”银饼	1	银	唐	直径16.3　厚2	2425	正面墨书“吴锐卌七两半”
七—315	“东市库赵忠”银饼	1	银	唐	直径16　厚2	2208	正面墨书“东市库赵忠五十两半”

续表

藏品号	名称	数量	质地	年代	尺寸（厘米）	重量(克)	备注
七—316	“宋之卅九两半”银饼	1	银	唐	直径15.2　厚1.9	2160	正面墨书“宋之卅九两半”
七—317	“郝□□□□半”银饼	1	银	唐	直径15.8　厚1.7	1650	正面墨书“郝□□□□半”
七—318	“东市库□希卌五两半”银饼	1	银	唐	直径15.2　厚2	2005	正面墨书“东市库□希卌五两半”
七—319	“□希□五十两”银饼	1	银	唐	直径16　厚1.9	2224	正面墨书“□希□五十两”
七—320—327	素面银饼	8	银	唐	直径13—15.5　厚1.5		七—327现存中国国家博物馆
七—328—335	素面银铤	8	银	唐	长28.3　宽3.5　厚1.9	1363—2108	
七—336—388	“五两朝”银铤	53	银	唐	长14　宽4.5	每枚重211	正面刻“五两朝”，其中七—349有墨书“卌八两半”，七—341现藏中国国家博物馆
七—389—390	“五两太北朝”银铤	2	银	唐	长21　宽4	207	正面刻“五两太北朝”
七—391	“拾两太北朝”银铤	1	银	唐	长28.9　宽4.5	417	正面刻“拾两太北朝”，背面残留墨痕
七—392	“叁宅”银铤	1	银	唐	长14　宽4.6	423	正面刻“叁宅”
七—393	“五两一分”银铤	1	银	唐	长24.1　宽7.3	417	墨书“五两一分”
七—394—395	银铤	2	银	唐	长18.3　最宽5	224	
七—396	“开元通宝”银钱	421	银	唐	直径2.5—2.6　厚0.2	6—6.5	
七—397	东罗马赫拉克利留斯金币	1	金	东罗马	直径2.12　厚0.13	4.6	
七—398	波斯库思老二世银币	1	银	波斯	直径3.1　厚0.09	3	
七—399	“和同开珎”银币	5	银	日本	直径2.3—2.33　厚0.17	5—5.9	其中一枚现存中国国家博物馆
七—400	“节墨之法化”铜刀币	1	铜	春秋	通长18.6　柄宽2　环径2.8	56	
七—401	“京一釿”铜平首布	1	铜	战国	通长5.5　肩宽3.5	残重12.5	
七—402	“半两”铜钱	1	铜	战国·秦	直径3.09　穿径0.88　厚0.19	5.5	
七—403	“半两”铜钱	1	铜	秦	直径2.29　穿径0.8　厚0.15	3	
七—404	鎏金铜“货布”	6	铜	唐仿	通长5.7　肩宽2.1	12—13	
七—405	铜货布	1	铜	新莽	通长5.95　肩宽2.35	17	
七—406	“大布黄千”铜平首布	1	铜	新莽	通长5.91　肩宽2.53　厚0.31	15.5	后背粘连有残布币
七—407	鎏金“永安五男”铜钱	1	铜	唐仿	直径3.86　穿径1.05　厚0.29	20	
七—408	“高昌吉利”铜钱	1	铜	高昌	直径2.6　厚0.4	10	
七—409	双面“开元通宝”铜钱	1	铜	唐	直径2.446　穿径0.59　厚0.186	4.1	
七—410	“常平五铢”铜钱	1	铜	北齐	直径2.3		

藏品号	名称	数量	质地	年代	尺寸（厘米）	重量(克)	备注
七—411	“五行大布”铜钱	2	铜	北周	其一：直径2.78 穿径0.8　厚0.226；其二：直径2.77 穿径0.8　厚0.22	其一：5；其二：4	
七—412	“永安五铢”铜钱	1	铜	北魏	直径2.36　穿径0.85 厚0.15	3.1	
七—413	“太货六铢”铜钱	1	铜	南朝·陈	直径2.57　穿径0.89 厚0.16	6.5	与四出五铢粘连在一起
七—414	“小泉直一”铜钱	1	铜	新莽	直径1.46 穿径0.43　厚0.136	1	
七—415	“直百”铜钱	1	铜	蜀汉	直径1.76 穿径0.766　厚0.14	1.1	
七—416	马纹铜钱	1	铜	不明	直径2.02　厚0.12	2	或为波斯币
七—417	藕心币	3	铜	汉	长3.6—5.5　宽1.3—1.8	13、27、34	或称铜钱称
七—418	包金玉臂环	1对	玉	唐	外径8.4　内径6.5 宽2.1　壁厚0.6—0.8	287	
七—419	玉铜鎏金宝钿臂环	1对	玉	唐	外径8.2　内径6.6 宽2.2　壁厚0.55—0.72		
七—420	金箔	4包	金	唐	长17.5　宽8	4388	
七—421	蓝宝石	4块	宝石	唐	径1.65—2.82	3—19	
七—422	滴水蓝宝石	3块	宝石	唐	径2.36—3.03	12—23	
七—423	黄宝石	1块	玉	唐	最大径5.37	119.2	
七—424	玫瑰紫宝石	2块	宝石	唐	径1.51—2.74	2—12	
七—425	绿玉髓	6块	宝石	唐	径1—1.48	总重7	
无号	银渣块	1	矿石	唐	直径40　最大厚度3	约8000	
无号	“永通万国”铜钱	1	铜	北周	直径2.1	残重3	残为4块
无号	“安阳”方足布	1	铜	战国	残长3.5　残宽2.43 厚0.1		残缺
无号	突骑施铜钱	1	铜	突骑施	直径2.32 穿径0.468　厚0.118	2	
无号	榆荚“半两”铜钱	1	铜	汉	直径2.3　厚0.18 穿径1	2	残为4块
无号	“凉造新泉”铜钱	1	铜	前凉	直径1.81　穿径0.656 厚0.1	残重1	
无号	剪边“五铢”铜钱	1	铜	东汉	直径1.76　穿径0.863 厚0.1	1	
无号	剪边“五铢”铜钱	1	铜	东汉	直径1.276　穿径0.6 厚0.18	0.9	
无号	“五铢”铜钱	1	铜	东汉	直径2.6　穿径1　厚0.1	2.5	
无号	“直百五铢”铜钱	1	铜	三国·蜀汉	直径2.8　厚0.25	4	残为4块
无号	无字“货泉”	1	铜	新莽	直径2.32　穿径0.59 厚0.25	4.5	

续表

藏品号	名称	数量	质地	年代	尺寸（厘米）	重量(克)	备注
无号	饼形“货泉”	1	铜	新莽	直径2.4 穿径0.77 厚0.29	10	
无号	小“货泉”	1	铜	新莽	直径2.09 穿径0.67 厚0.17	2.1	
无号	剪边双廓“货泉”	1	铜	新莽	直径1.8 穿径0.726 厚0.15	1.1	正面带“△”符号
无号	四出“五铢”铜钱	1	铜	东汉	直径2.57 穿径0.86 厚0.13		
无号	“直百”铜钱	1	铜	三国· 蜀汉	直径1.28 厚0.11	0.6	
无号	“大泉五十”铜钱	1	铜	新莽	直径2.41 穿径0.92 厚0.13	2	
无号	“大泉当千”铜钱	1	铜	三国· 吴	直径3.39 穿径1.15 厚0.24	8	残为两半
无号	“一刀”铜钱	1	铜	新莽	直径2.856 穿径0.88 厚0.29	残重8	仅存刀首
无号	“开元通宝”铜钱	6	铜	唐	直径2.5 穿径0.6—0.68 厚0.14—0.17	4—4.2	版别不同
无号	人物纹铜挂饰	1	铜	唐	通高3.4 宽2.7 厚0.45		
无号	铜镞	1	铜	汉	残长5.15 宽1.1	14	铁杆
无号	陶瓮	2	陶	唐	高65 口径38 腹径60 底径20.5		
无号	银铃	15	银	唐	直径1.5		
无号	银链	1	银	唐	通长8.2	7	
无号	金屑（黄粉）					787	
无号	麸金					126	
无号	光明紫砂					660	
无号	大粒光明砂					746	
无号	光明碎红砂					852	
无号	次光明砂					720	
无号	红光丹砂					1415	
无号	朱砂					2688	
无号	井砂					444	
无号	上上乳					678	
无号	次上乳					606	
无号	次乳					947	
无号	白英					505	
无号	紫英					2177	
无号	琥珀	10段				211	
无号	密陀僧					494	